U0946391

中国名城掌故丛书

武汉掌故

Wuhan Zhanggu

本书编委会／编

严昌洪　肖志华／主编

武漢出版社
WUHAN PUBLISHING HOUSE

编委会名单

中国名城掌故丛书
（第一辑）

前言

掌故浓缩了城市难忘的记忆，也映射出城市多姿多彩的历史影像。

悠悠中华，上下五千载，华夏先民在为我们创造了恢弘而大气、灿烂而辉煌文明的同时，也为后人留下了一座座具有悠久历史文化的中国名城。中国的名城，特别是历史文化名城，往往深受政治、经济、军事、文化等诸多因素的影响，或为历史上大一统国家或地方政权的中心，或为某一区域的“大都会”，或为某一历史上的边陲、海防重镇，或为某一时段璀璨而繁荣的文化胜地，它们的兴建与存废，见证着王朝的兴衰更迭，见证着历史的沧桑变迁，也折射出历史的辉煌与辛酸。据统计，截至目前我国已有百余座历史文化名城，遍及全国31个省、市、自治区。这些中华名城，有如粒粒珍珠，遍布于祖国的山山水水，共同勾勒出伟大祖国的锦绣画卷。

花开自有花落时。无论是汉唐盛世的万邦来朝、歌舞升平，还是分裂割据时代的金戈铁马，繁华过后，总有刀剑入库、马放南山之时，一切都成为过去，一切都成为故事，而能够流传于后世的，更多的是那些在长期的社会变迁中沉积下来的典故与传说，其中，掌故便是一种延续城市历史记忆的重要载体。“掌故”一词，在汉代本是掌管礼乐制度的官名，隶属于太史，后逐渐演变为一种介绍历史上的典章制度、人物事迹等故事和传说的文体形式。掌故能流传久远，也因其中兼具思想性、故事性、知识性和史料性等多重功能。

近些年，随着城市现代化进程加快，或因人为因素，或受恶劣自然环境侵蚀，许多

前言

曾经为人们所熟知的历史文化遗迹、民俗古貌，渐次淡出了人们的视线，或变作一幅幅永久定格的珍贵图片，或化作一段根植于人们内心深处挥之不去的记忆。或许若干年以后，当人们回首过往，点点滴滴的记忆浮现于心头时，才发现刚刚经历过的真切的历史片段，在不经意间就已经消失得无影无踪。只有留住了这些记忆，才能在充满浮躁气息的现代社会中守候心灵的最后一方净土，城市才不会沦为一座没有灵魂的空壳之都；而有记忆的城市，才是一座充满活力、独具特色和有深厚底蕴的城市。

城市的故事值得永远流传。为此，中国版协城市出版社工作委员会组织全国十六家城市出版单位联手启动了《中国名城掌故》这套书的编写，希冀以丰富而翔实的内容，精当的叙述和全方位、多角度的梳理，将中华名城的山水名胜、历史风貌、发展轨迹、逸闻趣事等展现于广大读者面前，为我们，也为子孙后代留住历史的记忆。

本书编委会

2012年3月28日

目录 ①

明《江汉揽胜图》

江城沧桑

山川揽胜

目录 ②

1876 年绘湖北武汉全图

目录 ③

空中看蛇山

◎ 名人趣闻

中国名城掌故丛书

武汉掌故

目录 ④

今日南岸嘴

艺坛撷英

汉商故实

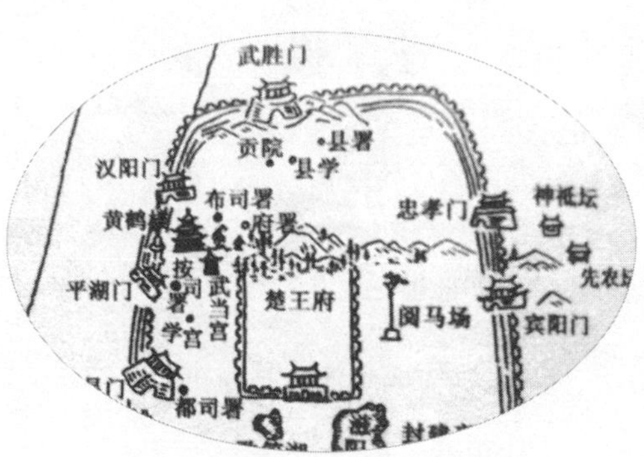

明楚王府在武昌城内示意图

中国名城掌故丛书

■ 武汉掌故

目录 5

江汉风情

旧闻纪实

目录 6

清代三镇鸟瞰图

中国名城掌故丛书

◉武汉掌故

Wuhan Zhanggu

江城沧桑

“武汉”的由来

武汉三镇(邹幼勤摄)

武汉市是湖北省省会,我国历史文化名城,华中地区和长江中游的经济、文化、信息中心,素有“九省通衢”之称。

武汉具有悠久的历史,远在3000多年前的商代中期,在离汉口仅30里的府河北岸的盘龙湖畔,就建有古城,其遗址已被发掘出来。可见,自商、周以来武汉地区即是重要的古城镇。

武汉是武昌、汉阳、汉口的合称,即“武汉三镇”的合称。武汉成为统一的大城市,经历了漫长的历史过程。

武汉三镇在历史上形成的时序为江北(汉阳)先于江南(武昌),而汉口在明代以前,不过是毗连汉阳的一个水曲荒洲,因此,在明代以前,所谓“武汉”,乃是武昌、汉阳两地的合称。元代武昌、汉阳均属湖广行省,鄂(武昌)汉(汉阳)并称,是为双城。元代诗人余阙在诗中把武昌、汉阳称为“双城”,显示了武昌、汉阳由单称到合称的趋势。

明宪宗成化(1465—1487)年初,汉水改道入江,汉口始形成市集。但

明《江汉揽胜图》

每到夏天涨水之际，江水漫溢，人们无法安居。1635年（明崇祯八年）通判袁焻创筑城堤（上起硚口，下迄堤口）以障水患，此堤名曰“袁公堤”，即今日之长堤街。此后，居民日增，到清仁宗嘉庆时，汉口居民已达36 929户，129 183人，但汉口在很长一段时间里，一直隶于汉阳县，因此，早期的“武汉”概念仍是武昌、汉阳双城的合称。如1822年（清道光二年），范锴所著《汉口丛谈》“遂陷武汉等郡”一句，即指武昌、汉阳等郡（府），汉口是称不上郡（府）的。咸丰年间，湖北巡抚胡林冀在其奏章、函牍中常用“武汉”两字，如“武汉为荆襄咽喉”、“若使武汉克复”、“武汉两城对峙”等等，显然也是指武昌、汉阳（当然也包括了汉口）两地的，“武汉”实际上应读作“武、汉”。

汉口的独立地位是在1899年（光绪二十五年）才确立的，当时湖广总督张之洞奏请阳、夏分治，改汉口同知为抚民同知，分汉阳汉水以北地段北至滠口，西至硚口中，拨归同知管辖，立名曰“夏口厅”。到民国初年，改同知为知事，易厅而为县，于是便有了夏口县。当时，武昌（江夏）、汉阳、汉口（夏口）仍以各自名称为主，而且各有隶属，如清末时江夏属武昌府，

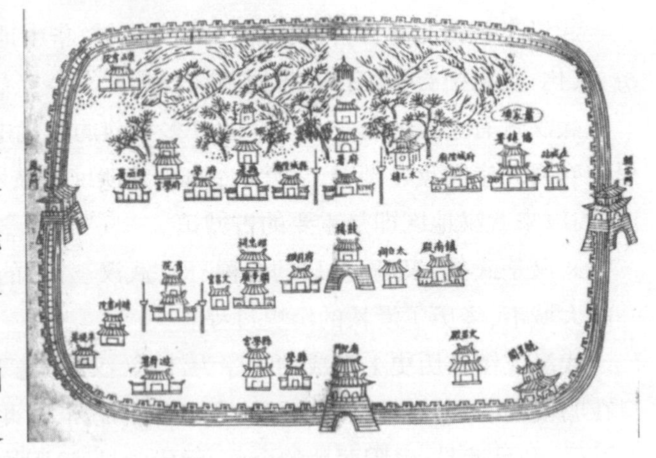
晚清汉阳县城图

汉阳、夏口属汉阳府，民初时夏口属江汉道，故未形成统一的行政建制，在历史上，亦有将汉阳、汉口联称为“阳夏”，将武昌、汉阳联称为“武阳”，将武昌、汉阳、汉口联称为“武阳夏”者。

1926年秋，国民革命军攻克武汉。次年初，国民政府将汉口市（辖汉阳县）与武昌合并，划为京兆区，作为首都，并建立统一的武汉市政府，此时，武汉才取得了作为政区、市区的称谓。此后，武昌、汉阳、汉口时分时合，直到1949年解放前夕，汉口作为直辖市，武昌作为省辖市，汉阳作为县而分治。

清代三镇鸟瞰图（江对面是武昌，中间是汉阳，底下是汉口）

解放后，政务院将汉口、武昌、汉阳（县府所在地及邻近地区）合并为武汉市（原汉阳县治所迁至蔡甸，保留县的建制），武汉市人民政府设在汉口。至此，武汉三镇才名副其实地合三为一了。

武汉是一座具有光荣革命斗争传统的城市。封建时代的农民起义多次在此卷起巨澜。唐代王仙芝，元末徐寿辉与陈友谅，明末李自城、张献忠，清代洪秀全等，都曾亲临武汉。在近代，一举埋葬清王朝的辛亥革命首发于武昌。中国共产党成立后，毛泽东、周恩来、刘少奇、董必武、陈潭秋、恽代英等在这里留下了光辉的革命业绩。“二七”大罢工，国民革命军北伐和武汉国民政府的建立，“八七”会议的召开，抗战初期的武汉会战等，都在中国现代史册上熠熠生辉。

1986年，国务院批准武汉为全国历史文化名城。

（商若冰）

龟蛇锁大江

茫茫九派流中国，
沉沉一线穿南北。
烟雨莽苍苍，
龟蛇锁大江。

这是毛泽东1927年所作《调寄菩萨蛮·登黄鹤楼》的上阕，它像一幅水墨画，描绘了烟雨苍茫中龟蛇二山紧锁奔腾长江的壮丽景象。

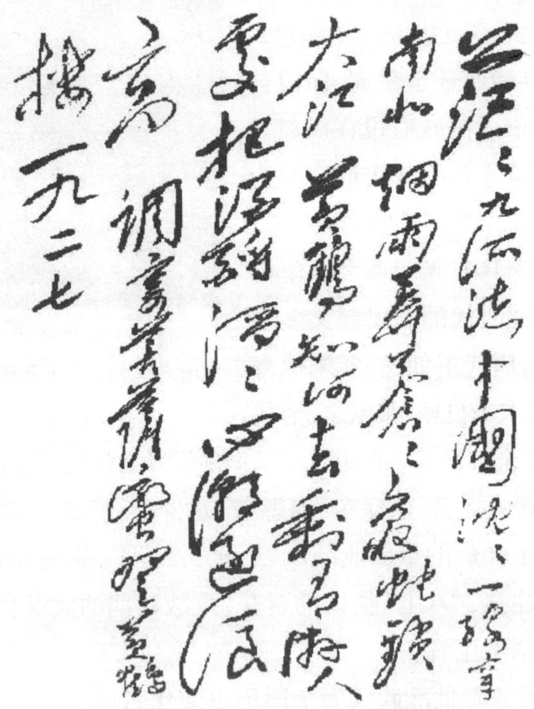

毛泽东《调寄菩萨蛮·登黄鹤楼》手迹

龟山、蛇山的海拔高度分别为90.02米和85.12米，比起巍巍昆仑、高高喜玛拉雅来，不过是两座小土堆。但山不在高，有人传扬则名。龟山、蛇山借助古今诗人的佳作名篇，已扬名海内外，武汉的知名度也随之提高。

龟山、蛇山是武汉地区最早的“主人”，也是这里沧桑巨变的见证人。

龟蛇远眺

汉阳龟山，东起长江边，西临月湖旁，全长1730米。其最古老的名字叫翼际山，但很长一段时间人们称之为大别山。三国时陆奂曾为东吴江夏太守，屯兵于此，并建鲁山城，因此龟山又别称为鲁山。一说鲁肃曾屯兵山上，故称鲁山。

武昌蛇山西起长江边，东止大东门，全长约3500米。修建武汉长江大桥时，西部1000多米夷为平地，建了引桥。蛇山原名黄鹄山，山下称黄鹄岸，江边水湾称黄鹄湾。古时“林涧甚美”，风景颇秀，故李白有诗云：“东望黄鹄山，雄雄半空出。四面生白云，中峰倚红日。”宋时因鄂州治城在山上，一度称石城山。还有一名为金华山。分地段又有黄鹄山、殷家山、黄龙山、高观山、大观山、棋盘山、西山等名称。中部的高观山，元时作高冠山，明时称长春山。

龟山、蛇山的名称出现较晚。由于二山，一座“若巨鳌浮水上”，一座

"缭绕如伏蛇","雄踞江之东西,势若龟蛇环卫",当地的民众在明末以来便逐渐以龟山、蛇山呼之。如果说翼际山、黄鹄山是它们的本名,那龟山、蛇山则是其俗名。俗名叫响以后,本名反倒不显了。

传说龟、蛇二山是大禹手下两员大将所变化。大禹治水时,命二将竭尽全力制伏长江水患,但由于水怪厉害,仍时常兴风作浪,给人民生命财产带来巨大损失。两员大将为了战胜水怪,以自己的身体变作龟、蛇二山,将水怪永远镇压在山下。龟山头伸出江边部分称"禹功矶",上面建有禹王庙(又称禹稷行宫),就是为了纪念大禹治水的功绩。

传说毕竟是传说,但龟、蛇二山束锁住了江流,限制了沙洲涨没的范围,使武汉地区有了长期不变的深水港,倒是事实。而且,龟蛇锁大江的地势,奠定了长江大桥的基础。龟山、蛇山这种有利武汉交通运输发展的客观作用,比两座山的登临和观赏价值要大得多,但却往往不被兴致勃勃的游人所察觉。

(严昌洪)

汉水的改道

中国古代把山之南或水之北称为“阳”，反之，山之北或水之南称为“阴”。许多带“阴”字或“阳”字的地名，就是根据这种习惯命名的。如，陕西的华阴，在华山之北；江苏的江阴，在长江之南；湖南的衡阳，在衡山之南；河南的洛阳，在洛河之北。根据同样的道理汉阳应该在汉水之北。而现在的汉阳明明在汉水之南，这是什么缘故呢？

晴川桥（桥下即汉水）

汉阳在汉水之南，既不是古人起错了地名，也不是汉阳搬了家，由汉水之北搬到了汉水之南，而是汉水改道造成的。汉水原来是从汉阳南边汇入长江的。《尚书·禹贡》上说：“汉水南至大别入江。”《春秋左传》云：“定公四年，吴师伐郢，楚子常济汉而陈，自小别至于大别。”杜预注《左传》释地曰：“二别，近汉之名。”郦道元《水经注》指出：“案《地说》言，汉水东行，触大别之陂，南与江合，则与《尚书》、杜预相符。”这就是说，汉水古时是从大别山(即今龟山)之南入江的。汉阳县名是在606年(隋大业二年)由汉津县改名而来,取名汉阳的根据是汉津县治由林鄣山移到了鲁山(即今龟山),居汉水之北。汉水故道早已淤为平地,具体在汉阳南边的什么地方,今已不可考,大致是从郭师口折向东南,经邓家岭西南至旧汉阳城南,在今夹河至鹦鹉洲头一带入江,略对武昌鲇鱼口。

明成化初年,在汉阳县西郭师口之上,汉水冲决旧河道笔直向东而流,从黑山、梅子山、龟山之北注入长江。汉阳城便在汉水之南了。同样的,原来的夏口或汉口,即汉水入江口亦在汉阳城南,汉水改道,才在汉水入江口之北形成新的汉口。故老传说,民国年间,因汉水入江口集稼嘴一带河道弯曲,洪水时排水不畅,致使汉水两岸常受水灾,曾拟将汉水引入汉阳城南的故道。不知何故,此计划并未实施。

另,汉口有所谓襄河故道者,上通汉水处在郭师口对岸,称襄河口,下通潇湘湖(即后湖),从沙口入长江,方位约在今解放大道一线。从前诸书多误为汉水故道。其实襄河(襄水)本是汉水旁支,后来因汉水在襄阳一段俗称襄河,致混用为汉水之名。

(严昌洪)

汉阳城的兴废

汉阳在汉代属沙羡县境，隶江夏郡，郡治在安陆。沙羡县原治金口，东晋时迁鲁山（今龟山）却月城。

却月城是汉阳县境内的第一座城堡。在月湖附近，今汉水入江所经之地，东汉戴监军所筑。周回 180 步，高 6 尺，形如却月，故名，亦名偃月垒。黄祖为江夏太守时，治石阳，别屯却月城，守沔口。208 年（汉建安十三年）孙权派凌统、董袭破黄祖军，屠却月城，城废。

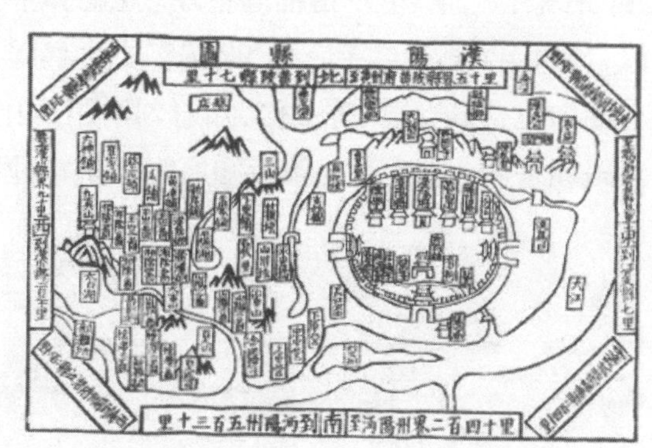

明代嘉靖时期汉阳县图

刘表之子刘琦以却月城被屠，又在鲁山之南，凤栖山西，月湖港之东筑鲁山城，并作为江夏郡治。后吴江夏太守陆奂亦治此。南朝时齐竟陵太守房僧寄曾守此。

齐张乐祖率数千人助房僧寄，据鲁山城东北近江岸处，以土筑城垒。后房僧寄等投降梁，城为梁所废，故名梁废城。

梁武帝萧衍在黑山北筑城以守鲁山，名萧公城，系军事所用之版筑土城。朱衣《萧公城》诗云："鞭驱十万人，版筑飞尘埃。"可见筑城工程之浩大。

606 年（隋大业二年）改汉津为汉阳县。621 年（唐武德四年）设沔州，治汉阳，故李白有《泛沔州城南郎官湖》诗。当时在凤栖山筑汉阳城，周长 1072 丈（一说 1772 丈），有 8 个城门：东有迎春门，南有沙洲门，西有孝感门，北有汉广门，东南有朝天门，西南有汉南门，西北有下汉门，东北有庆和门（一作庆贺门）。1121 年（宋宣和三年）水涨城圮。嘉定初年，知汉阳军黄干多次上禀两司总帅请筑城，竟未施行。或说1274年（宋咸淳十年）才按照黄干的建议建起了新汉阳城，然查当年史实，元军攻宋甚急，入冬陷沙洋、新城、复州（今天门）降元。元军在阳逻堡破宋夏贵之军，汉阳军、鄂州降元，似无建新城之可能。

明朝初年，在原城旧址上改筑新城，周长756丈，辟4门：东朝宗门、南南纪门、西凤山门、北朝元门（后塞）。汉阳城规模初步定型。3个城门上分别有城楼。朝宗楼为1424年（明永乐二十二年）知府程瑞初建，1448年（正统十三年）千户密福等重建。正德以后知府孔凤、千户朱凤、陶震重修，1544年（嘉靖二十三年）巡按御史史褢善又重修。南纪楼、凤山楼亦为程瑞初建，知府孔凤等重修，知府刘本用重建。1607年（万历三十五年）大火毁朝宗门、南纪门，4年后知府舒体震重建。

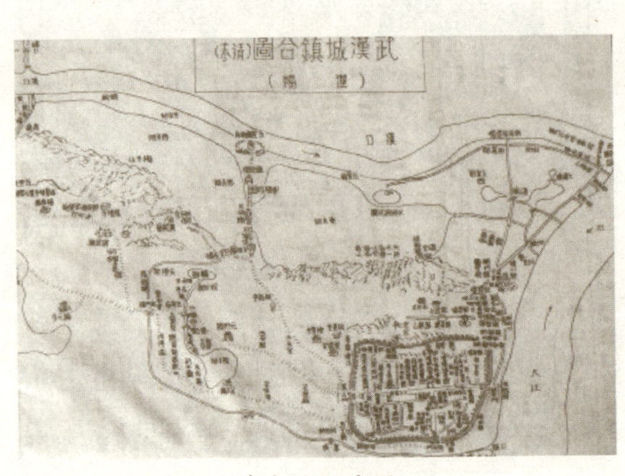

清末汉阳城图

1643年（崇祯十六年）张献忠农民起义军攻占汉阳，城毁。至1661年（清顺治十八年）知县曲圣凝、守备董朝禄分修里城，增高数尺，重建南、西二门楼。1852年（咸丰二年）太平军攻占汉阳，在城西筑外城，掘街道为濠。太平军退后，清军毁外城，知县黄式度平濠。1880年（光绪六年），知府严昉、知县李钠修西城。

1928年，汉阳城完成了它的历史使命，被拆除大部分，余下西门及两侧一段城墙在1950年全部拆除，如今东门、西门、南门仅作为地名留在人们的记忆中。

（严昌洪）

武昌城的变迁

武昌有城，是从223年（东吴黄武二年）开始的。那一年吴主孙权在江夏山（今蛇山）东北筑夏口城，“依山傍江，开势明远，凭墉藉险，高观枕流”，实为一座形势险要的军事堡垒，周围仅二三里，为版筑土石城。此城宋时仍存。

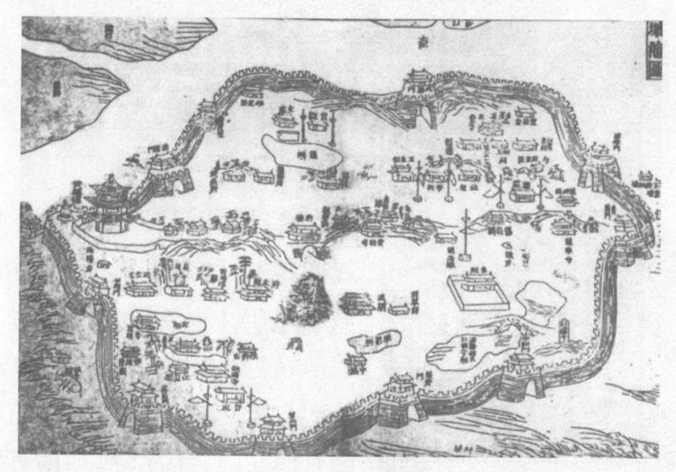

晚清武昌城图

汉代有沙羡（音夷）县，治涂口（今江夏区金口），239年（东吴赤乌二年）孙权筑金口堡守沙羡县，故又称沙羡城。至晋武帝以后，沙羡县治始移夏口城。

南朝时宋孝武帝于454年（孝建元年）在夏口城立郢州，故武昌在那时又称郢城。

梁武帝时，梁将曹景宗在紫金山与小龟山北筑石城为军事堡垒，北临沙湖、余家湖，南距郢城约二里。

隋文帝于589年（开皇九年）废江夏郡置鄂州，改汝南县（原治在金口）为江夏县，州、县治所均设城内，故武昌又有鄂州、江夏县之称。《舆地纪胜》上说："鄂渚在县西黄鹄矶上三百步，隋立州以渚，故名鄂州。"唐节度使牛僧孺驻鄂州，改建鄂州城，不仅城的范围扩大了，而且以陶甓为城，武昌有砖城自此始。宋仁宗皇祐初年，鄂州知州李尧俞重修。

武昌保存的唯一城门——起义门（原名中和门）

武昌城门之一——汉阳门

武昌城基本定型是1371年（明洪武四年），江夏侯周德兴增拓武昌府城，将城区扩大到黄鹄山（今蛇山）南，该山始包入城内。城周约20里，辟有9个城门，东有大东门，东南有新南门，南有保安门、望泽门，西南有竹簰门，西有平湖门，西北有汉阳门，北有草埠门，东北有小东门。1535年（明嘉靖十四年），都御史顾璘重修武昌城时，改大东门为宾阳门，新南门为中和门（辛亥革命后改为起义门），望泽门为望山门，竹簰门为文昌门，草埠门为武胜门，小东门为忠孝门。清光绪年间，湖广总督张之洞于中和门和宾阳门之间增辟一门，称通湘门，设车站于门外，以通湖南，故址在今紫阳路东端，靠近武昌火车站。

武昌城垣于1927—1928年拆除，从1371年周德兴增拓武昌府城以来，共存在了556年，其间8次修葺，今仅存的起义门，系为纪念辛亥革命武昌起义而重建的。

（严昌洪）

汉口堡的兴毁

今之汉口，原与汉阳相连，是汉阳县属地。即使在明成化年间汉水改道，两地以河为界后，汉口也一直属汉阳管辖，至 1899 年（清光绪二十五年）设立夏口厅，汉口始与汉阳分治。因此，汉口一直没有如汉阳、武昌那样环绕四周的古城垣。据潘新藻《武汉市建制沿革》的考证，汉口曾有过 5 个堡垒：杨口垒、白阳垒、牛湖堡和两个汉口堡。

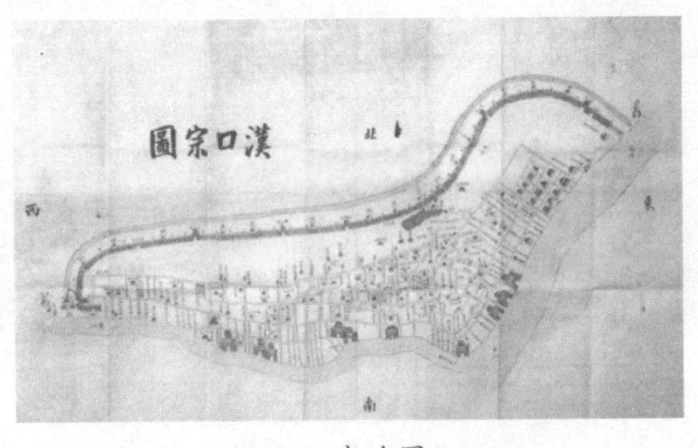

汉口老地图

本文所要介绍的是第二个汉口堡，即晚清时代仅存 40 年的汉口堡。汉口成为商业市镇以后，常患后湖水灾。1635 年（明崇祯八年）汉阳府通判袁焻提议在汉镇后面修一条大堤，以防后湖湖水泛滥。大堤上起硚口，下至堤口（沙包，今一元路靠近长江处），全长约 11 里。旧称袁公堤，今为长堤街。因掘土筑堤，堤外便挖了一条深沟，宽约 2 丈，汉水从硚口灌入，襟带市廛，因名玉带河，这一堤一河是汉口最早的人工屏障。

清咸丰年间，太平军和捻军在武汉一带活动频繁，地方当局为固守汉镇，抵御义军进攻，决定在袁公堤外再筑一道城堡。1864 年（同治三年）汉阳知府钟谦钧、县令孙福海与汉口绅商胡兆春等协议，筹集商款，筑堡开濠。工程在今中山大道一线上展开，堡基密钉木桩，堡垣用红石砌成。堡外挖一条深濠，堡内培植坚土。为通出入，开辟 8 个堡门，自西至东为：玉带门、便门、居仁门、由义门、循礼门、大智门、通济门、便门。堡上建有炮台 15 座。3 年后又加高培宽，并建上、中、下三闸蓄泄洪水。

歆生路的今貌（江汉路步行街）

汉口堡修筑以后，不但没有起到抵御农民起义军的作用，反而束缚了汉口市区的扩展。夏口与汉阳分治后，即议拆除城堡，创修马路。1905年（光绪三十一年），湖广总督张之洞设置汉口马路工程局，准备修筑汉口马路。当时民智未开，拆屋让路之举难以实行，便拟拆毁汉口堡来修筑马路。1907年拆堡修路工程开始，上起硚口，下迄歆生路（今江汉路），同时动工。修路前后，张之洞正筹集经费赎回比利时欲立租界私购的土地（今刘家庙一带），于是议以此路地皮变价集赀，作为赎界之用。此议遭到汉口绅商的反对，密昌墀等连连上禀力争，张之洞乃另向官钱局筹款赎界，而此路仍为本地所有。此路当时称为后城马路。修成之后，从前人迹罕到之处，变成轮轨交通，店铺林立的闹市。这就是今日中山大道的上段和中段。

（严昌洪）

龙王庙今昔

1998 年江泽民视察龙王庙险段

汉口沿河堤的防汛险段龙王庙，不仅备受地方各级领导和防汛部门的关注，而且还受到中央的重视。有一年汛期，周恩来总理还曾从首都打电话询问：“龙王庙的情况怎么样？”有一次中央水利电力部召开专门会议，参加会议的 100 多位代表，还曾专程来汉视察龙王庙。1998

汉口龙王庙码头

年长江特大洪水，江泽民总书记专程亲临龙王庙视察。大水过后，中央和省市拨专款治理龙王庙险段。如今，龙王庙一带已成为武汉旅游的又一个亮点。

龙王庙的身价为什么这样高呢？既然它是这样有名，在如今武汉的地图上，又为什么找不到这个地名？它的确切位置究竟在哪里？答案是这样的：从新沟到龙王庙，是汉江下游流经武汉市区境内的一段，计长 62 公里。河槽平均宽约 340 米，最窄处是龙王庙的出口，仅有 180～200 米。河道上游宽下游窄，好像漏斗，到了龙王庙自然就形成水深流急的形势。偏偏南岸是龟山下延的余脉，不易冲刷。北岸的岸线呈突出弧形，既受汉水洪水顶冲，又受长江激流淘刷，以致岸陡脚虚。经过水下探测发现：这一带的堤脚河床散布着大小不一的冲刷坑，极限冲刷深度达 -15 米，冲刷坑的数量多得不可胜数，这就是导致地基沉陷的潜在因素。不同程度的地基沉陷当然要促使驳岸和防水墙发生裂缝。在战争年代，这里的驳岸曾经遭受轰炸，留下了暗伤。先天不足加上后天失调，使这一带成为历史上著名的险段。

汉口龙王庙码头

200 多年以前，人们还确信水里有龙王，为求龙王保佑，免遭水灾，人们在汉水入江口的北岸（今武汉市水上运输公司码头），修了一座龙王庙。庙的规模虽不大，每年的夏秋两汛，香火却特盛。1930 年，汉口市政府工务局为了修建沿河马路，拆除了这座庙。第二年三镇淹大水。有些人说：

"这是拆了龙王庙，惹得龙王爷发脾气。"于是延请某寺高僧，在该地筑坛念经，朝夕拜祷。武汉警备司令夏斗寅也亲临拈香，冒雨跪在渍水中，向江面三跪九叩首，哀求龙王爷大发慈悲。高僧也向众人保证："不出七日水必退，否则贫僧当跳进江中去质问龙王。"到期，水仍不退，群众纷纷质问该僧，该僧出尽洋相后不辞而遁。著名报人蔡寄鸥因作歌以讽之：

> 大善士，信神明；大和尚，显威灵，筑高台，念黄经，焚香合十蒲团坐，宛似当年法海僧。今日不退水，明日不退水，水晶宫里问龙王，不信龙王不讲理。台上法无边，台下水无涯，善男信女齐喧哗，和尚此时心如麻，弃了木鱼，丢了铙钹，脱了袈裟。

龙王庙虽然在半个多世纪以前拆除了，但它的名称却作为区片地名的泛称流传至今。按照防汛部门约定俗成的说法，把汉口沿河堤从桩号39+200到40+100的长900米的这一段，通称为龙王庙险段。

龙王庙的特殊地理位置，还曾经引起孙中山先生的注意，他在所著《建国方略》中谈到武汉建设的规模，"略如纽约伦敦之大"。他并且一再提到龙王庙：

今日龙王庙

> 在整治长江堤岸，吾人须填筑汉口前面，由汉水合流点龙王庙渡头起，迄于长江向东屈折之左岸一点。此所填之地，平均约阔五百码至六百码。如是，所以收窄此部分之河，全河身

一律有五六链(每链为一海里十分之一)之阔。又令汉口租界得一长条之高价土地于其临江之处也。此部之价,可以偿还建市所费之一部分。汉水将入江处之急激曲折,应行改直,于是以缓徐曲线绕龙王庙角,且使江汉流水,于其会合处向同一方面流下……更于汉水口以桥或隧道,联络武昌、汉口、汉阳三城为一市。

汉口龙王庙公园

因为龙王庙口“急浪惊泷似箭穿”,现在有规定不准停船。但是,在清代中叶,这里却是可以泊船的。当时汉口镇有8座码头,其中的宗三庙、五显庙、老官庙、沈家庙、接驾嘴和柯家码头,都是专渡汉水的渡口,四官殿是专渡长江的渡口,只有龙王庙是兼渡汉水与长江的渡口,和其他7处相比,这里更为热闹。当年是怎样停船的呢?那是嘉道之际大盐商李祥兴想的办法,以大木料扎成几丈长的木簰,宽度为长度的一半,用特粗木桩和铁链系于江岸,外以泊船;内以长跳接岸。过客商旅,无不称便。

(徐明庭)

汉口“龙须沟”

汉口建设大道(昔日黄孝河一带)新景

20世纪80年代末叶,在汉口解放大道以北,出现了一条与之平行的主要干道——建设大道。大道两旁高楼入云,街心花坛姹紫嫣红。就在这条繁华的大道上,下面平卧着汉口的“龙须沟”——黄孝河,这条地下长龙的历史可谓“源远流长”。

明朝中期,汉口屡遭水患,每逢夏秋水涨,全镇沦为泽国。1635年(明崇祯八年),袁公堤(今长堤街)筑成后,堤外之渡桥东北方向有一较大湖淌,四季潴水不涸,人称“十八淌子”。那时没有公路和铁路,从黄(陂)孝(感)来汉口的人,多坐船从府河顺流而下,经“十八淌子”,穿过淌子之间的连通港,直达汉口中心的土垱(又作土荡,在今统一街文书巷上首)。当时的土垱,是一个水陆码头,有一首《柳枝词》生动地

昔日黄孝河

描绘了亲友送别的情景：

土荡临歧即灞桥，不曾离别亦魂消。
青青惯送朝天客，也向风尘折瘦腰。

“十八淌子”的淌子与淌子之间，宽窄不一，窄的地段两舟须相擦而过，秋冬水浅，还须拉纤而行。1861年（清咸丰十一年）后，汉口日渐繁荣，黄、孝与汉口间来往船只增多。“十八淌子”之间的连通港被扩宽，形成了一条小河。因能通黄陂、孝感，故得名黄孝河。

当年的黄孝河，两岸垂柳成荫，芦苇茂盛，湖中野鸭成群，河水清澈见底，水草丛生，游鱼可观。1905年（清光绪三十一年），张之洞督鄂时为了围垦后湖，兴建了一道大堤（人称张公堤），并在黄孝河上游岱家山修了一座排水闸，黄孝河出水口被长堤斩断，湖泊被围垦造地，河道流量受到限制。加之京汉铁路汉口至信阳段建成通车，黄陂、孝感至汉口间的水道运输逐渐为铁路所代替。黄孝河逐步成为汉口地区工厂、居民排放污水的沟渠。

解放后，汉口城区不断扩大，黄孝河两岸修建起大批工厂和居民区，工业、生活污水大量排入河中，致使河水发黑发臭，河道淤塞，脏水漫溢，蚊蝇孳生，污染严重，殃及四周。据统计，这条长12.4公里，宽20至30米，水深3米，汇水面积为84.6平方公里的河流，有13条下水道干管通达，每天约有50多万吨污水排入河中，然后抽排入长江。虽然在岱家山、后湖先后建立了两座排水站，但远远不能适应城市排水的需要，每逢雨季，更加排泄不通，造成汉口城区大面积渍水。仅1982年和1983年两次特大暴雨，就使汉口地区渍水面积达37.6平方公里，占汉口城区总面积的68.4%。黄孝河这条曾经繁盛一时的利

治理中的黄孝河

民小河竟与南京秦淮河、上海苏州河、天津祥水河齐名，列为全国四大城市害河之一，武汉人民气愤地称它为“汉口龙须沟”。

1983 年，武汉市人民政府根据人民的意愿，决定全面治理黄孝河。1985 年 10 月 5 日正式动工，经过近 4 年的艰苦奋战，黄孝河已深深地埋入地下，代之而起的是全长十里、行道树以桂树为主的桂花一条街——崭新的建设大道。

（商若冰）

武汉城市之根盘龙城

盘龙城遗址的发现出于偶然。1954年，武汉遭遇百年一遇的特大洪水的侵袭。为了防汛的需要，地处长江之滨、府河之畔地势较高的盘龙城一带成为加固堤防取土的工地。参加防汛的民工并不知这里的四面土墙是古代城垣遗址，只为取土方便，将东、南、北三面土墙挖了挑去加固张公堤。这一挖，有得有失，既使历经几千年风雨而保存尚好的古城城墙毁于一旦，但又使湮没了3500年的商代古城因为工地上挖出青铜器而重现于世。

现年86岁的武汉市博物馆研究员蓝蔚先生，当年是武汉市文管会的工作人员，被派到防汛工地做通讯宣传工作。这些青铜器的出土引起这位年轻的文物工作者的注意。汛期一过，蓝蔚就和同事开始对盘龙城进行调查。他们先从文献入手，翻阅了许多资料，终于在一张1932年湖北省陆地测量局绘制的五万分之一军用地图上发现了城墙的标志符号和“盘土城”的字样，说明那里应该有一座城或城的遗址。后来打听到民间早已称其为“盘龙城”。随后他们按照地图标出的方位去现场踏勘，不仅发现了土城遗址，还采集到许多印纹陶片。蓝蔚曾在文化部办的考古培训班学习，实习时参加过郑州商代遗址的考古发掘，对商代陶片有所认识。他立即初步判断这是一处商代遗址。这一发现令他兴奋不已。

盘龙城的发现者蓝蔚先生

此地何时有盘龙城地名？人们陆续查找到一些资料，如1870年（清同治九年）黄陂《张氏宗谱》关于“吾族自宋元间，德一、国四两祖由江西饶州余干迁楚黄陂。德一祖落住陂南盘龙城”的记载和所附盘龙城一带地图，似乎表明宋元年间就已有盘龙城及其名称了。盖因该城在古代荒废后，夯土筑成的城垣尚在，犹如西域楼兰古国消失了，但古时的残垣断壁却保存下来了。至于为什么被后人叫做盘龙城，已不可考，流行的几种说法均不准确，只得暂时存疑。

盘龙城考古发掘现场

盘龙城是否商代遗存，需要发现更多的遗迹和出土更多的遗物。为此，在蓝蔚他们初步调查的基础上，省市文物考古工作者和北大考古专业师生，从上世纪60年代至本世纪初，共进行了4次大规模的考古发掘。随着发掘面积的扩大，探沟和探方以及墓葬的增加，不断有新的遗迹和遗物的发现，经过C14年代测试和研究，盘龙城古时面貌逐渐清晰起来。综合地说，它的遗存的存续年代从二里头文化晚期至二里岗文化上层二期，即从公元前1800年到1300年，大致相当于夏朝后期到商朝中期，其中作为初级城市的城郭出现时间约在公元前1500年前后，距今3500多年。大约经过200多年的发展和繁荣后，这座古城陨落了，只留下一片废墟和四面城垣在那里任凭时光的流逝而悄无声息。直到3000余年后，才为当代人所发现、发掘和开发利用，喧闹一时。

盘龙城作为夏商文化遗址的地理位置，在今汉口北郊、黄陂南境、府河之侧、盘龙湖之滨，四至范围东至李家嘴；西至江家湾，延至甲宝山东侧；南达王家嘴、艾家嘴；北抵杨家嘴，延至盘龙湖北岸的童家嘴。

所谓盘龙古城，是一座外郭内城的典型的中国古代初级城市，内城建有前朝后寝的宫殿，被视为中国早期古典建筑的一个范例。在盘龙城的内城和外城以及周边地区，经过多年的发掘，已发现了夏代的手工业作坊、商代的民居和作坊以及商代的贵族与平民墓地。同时出土了大量石器、陶器、青铜器（包括工具、兵器和礼器），还有作为伦理道德标志的礼玉器。这些遗物较全面地反映了当时人们生活、征战、劳作和礼仪制度、宗教信仰。

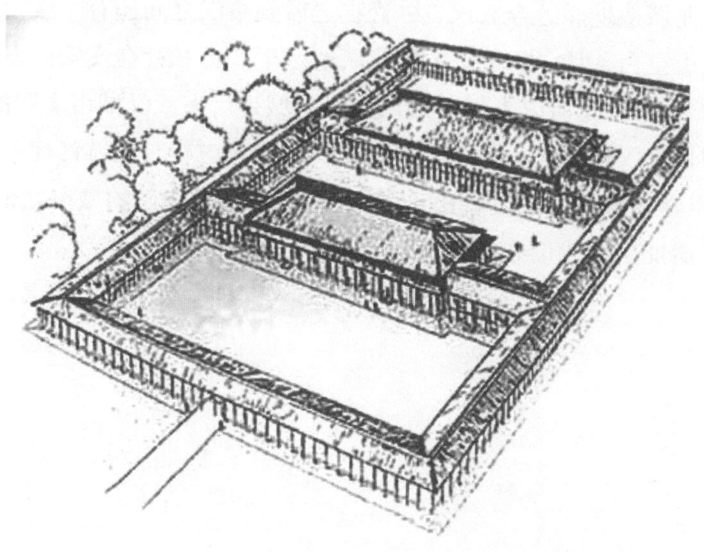

盘龙城宫殿建筑复原图

综合各种文化因素及其特征，考古学界将盘龙城文化性质定为商文化，盘龙城内居民是来自中原的商人的一支。中原商人为何来到远离王都的南蛮之地建立这座城邑？盘龙城有何功用？学术界有多种解释。原来主要有三种观点。一是“掠夺资源说”。有学者指出，在商代，铜是极其珍贵的稀缺资源，与盘龙城邻近的湖北大冶铜绿山、阳新港下等地铜矿资源丰富，这些地方的铜矿在商代已有开采迹象。二是“方国、封国说”。国家夏商周断代工程科学家推断,盘龙城可能是商时期“虎方”所在,还有研究者认为是当时的南国、雀国所在。三是“军事据点说”。在盘龙城墓地中,出土了大量的青铜武器,说明此地拥有一支用先进武器武装起来的强大军队,应是商王朝南侵的军事据点。最近有学者认为这三种观点均有一定道理,但细究起来则经不起推敲,提出了新的见解,即“盘龙城是商王南土行都,是供商王巡守南方、处理南土事务的驻跸之所”。此观点若要为学术界接受,恐怕还需要有更多的证据、更久的时日。

盘龙城是我国商代遗址中保存最完好的一座城址,其灿烂的青铜文化、较发达的农业、手工业、商业以及完备的城邑形态和功能,对研究城市文明发展史具有极高的学术价值。现为国家级重点文物保护单位。

盘龙城遗址靠近今武汉,尽管它之后到秦汉之间还有一段很长的城市发展史空白,但它毕竟是古代武汉地区生产力和社会文明的发展历史进程的一个见证。所以人们一致认为盘龙城是后来武汉城市文明的源头,盘龙城是武汉城市之根。目前武汉市政府正考虑在盘龙城修建一座博物馆,展出盘龙城近年来发掘出土的文物,用以保护武汉的城市之根。而且盘龙城遗址公园建设亦将启动。

(严昌洪)

中国名城掌故丛书

◎武汉掌故

Wuhan Zhanggu

山川揽胜

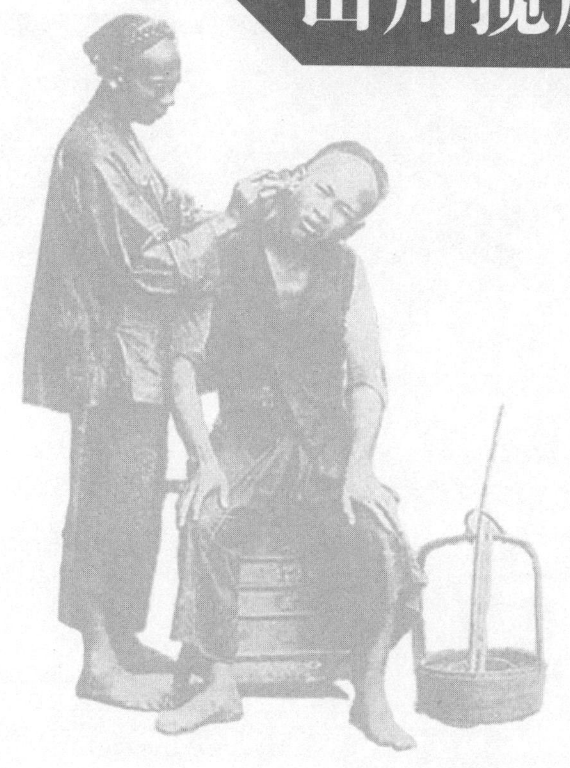

晴川阁与汉阳树

自从唐代诗人崔颢写了千古名篇《黄鹤楼》以后，汉阳增添了几处以崔诗之意定名的景点。首先有宋太平兴国年间建于郡治前门的“白云楼”，以“白云千载空悠悠”之意定名。该楼与大江彼岸的黄鹤楼遥相呼应，互为衬景，吸引了多少迁客骚人登楼眺望“乡关”，抒写思亲之情。然后官绅集资在汉阳郡治东北江边修建了一座“烟波亭”，以“烟波江上使人愁”的诗意命名的这座古亭毁坏以后，人们又在禹功矶禹稷行宫左侧建起一座“楚波亭”，后毁于大风。

禹稷行宫

明嘉靖中年，汉阳知府范之箴倡议在楚波亭旧址上再建一座规模较大的阁楼，竣工后，取“晴川历历汉阳树”之意，命名为“晴川阁”。晴川阁“削壁沿江断，危楼傍水悬，窗飞衡岳雨，门过洞庭烟”，与武昌黄鹤楼、湖南岳阳楼、当阳仲宣楼被人誉为楚中四大名楼。有人甚至评论说，晴川阁之景色超过了黄鹤楼。清刘献廷《广阳杂记》称：

楼临江东向，轩豁开爽，远胜黄鹤。盖龟山之首，走江中数百步，而大江横过其下，左右无遮蔽，与市廛稍远。纵目所之，山水之情，与精神融洽，不如黄鹤之散漫无章，可谓后来居上矣。

汉阳晴川阁

晴川阁与黄鹤楼一样，也是屡毁屡建。1852年（清咸丰二年）毁于大火后，1864年（同治三年）由清廷拨款重建，知府钟谦钧主持其事。光绪年间进行修葺，并悬一楹联曰：

洪水龙蛇循轨道，
青春鹦鹉起楼台。

至于登临晴川阁的景与情，《湖北旧闻录》著录《遂初堂集》中的一首诗，给人留下了深刻的印象：

大别山头一阁雄，岚光树色远连空。
窗涵梦泽三秋水，袖拂兰台万里风。
铁锁不消吴国恨，虫书犹纪夏王功。
怀乡览古无穷意，并在飞帆落照中。

1934年中秋节，一场特大风灾过后，晴川阁成为一片废墟。1984年后开始了重建工程，通过设计和施工人员的精心设计，精心施工，可以说，“今阁胜古阁”的重建目标业已实现。

至今健在的汉阳树

“晴川历历汉阳树”中的汉阳树，本来是崔颢泛指在黄鹤楼上所见大江对岸的各种树木。而到了现代，人们却往往把原凤凰巷11号后院的那株古银杏树（俗称白果树）称为“汉阳树”。也许是因为此树近千年的树龄，当是崔颢当年所见汉阳树中仍然健在的一株。原来的凤凰巷11号院落狭小，差不多全被白果树的浓荫遮蔽。小孩们放学以后，常常到那里去玩，在浓荫下或写作业，或做游戏，兴致来时，携起手来合抱树干，三五人才能抱住，其粗可知。现在，原住户早已搬迁，围绕白果树建了一座大院，粉墙青瓦，古朴典雅，门楼上书有“汉阳树”三字。然大门紧锁，只得从围墙窗孔中窥视，依然是那样枝繁叶茂。据隔壁老妪讲，这株千年古树，如今仍在开花结果，真可谓活力旺盛矣。

（严昌洪）

黄陂木兰山

黄陂区城北30公里处，有一座山，古代叫建明山。因其北山突兀向天，南山迤逦浑圆，形如一头仰天怒吼的狮子，故得名青狮岭。据传，木兰将军就出生在建明山北10余里的双龙镇一户千总家庭。木兰父亲朱寿甫，年逾花甲没有子嗣，故经常登山求嗣，后得一女，取名木兰。木兰18岁时，突厥入侵，父亲年迈不能应诏远征，于是木兰便女扮男装，代父从军十二载，因她"扫灭羌胡，功悬日月"，朝廷封她为将军，但她不受朝禄，乞归故里，老死闺阁，葬于木兰山北面的将军凹。旧有碑碣，墓前建一祠，即将军庙，乡人岁秩祭祀。明中丞张涛题联云："人夸烈女心如石，我爱将军勇过男。"乡亲们为了纪念这位巾帼英雄，于1609年(明万历三十七年)将建明山改称木兰山。

黄陂木兰山

木兰山海拔约600米，山上怪石陡崖，千姿百态；名贵花木，葱郁成林；七宫八观三十六殿，精巧宏丽。"木兰耸翠"为黄陂十景之一。但它最引人入胜的是：永不枯竭的磨针涧，奉祀木兰将军的祈嗣顶，木兰凯旋时朝廷赐冠之所"玉皇阁"以及好汉坡、棋盘石、舍身崖等流传着优美动人的木兰故事的地方。说起永不枯竭的磨针涧还有一段小故事呢。相传木兰的母亲为了教育女儿做事要有恒心有毅力，长年在山涧边磨铁棒为针。至今这山涧的水依然长流不断，不曾枯竭。

木兰山的主峰“第一天峰”上矗立着“玉皇阁”，还有真武殿，为道教圣地，四方朝谒者络绎不绝。“玉皇阁”与它东面山峰上的“金顶”交相辉映。在金顶玉皇阁下的山腰处，有一座古寨叫木兰古寨。

木兰古寨

木兰古寨采用的是“干砌法”，即不用石灰沙浆，而用青岗石交错间压干砌而成，颇具民间建筑的特色。木兰古寨依山就势，蜿蜒起伏于木兰山主峰的腰间，全长约5华里，高约3米。据史料记载，1259年（南宋理宗开庆元年），蒙古忽必烈攻打鄂州（今武昌），9月，率军渡过滠水，沿滠水南下，囤兵于黄陂县。当地人民由于对异族的恐惧和对外族入侵的仇视，纷纷上山筑起了这座防御侵扰的山寨。

木兰古寨的整个寨墙上都可以通行，除中寨门（南天门）外，还有东西南北4座寨门。东南两门可攀登而上，西北两门是嵌于悬崖峭壁间，可望而不可及。另外，在每座寨门上都建有门楼，门楼两旁各置土炮2门，还设有滚木擂石等，以抵御来犯之敌。在古寨的西面开阔处，面对滠水的寨墙上，还筑有一座烽火台，它用于监视渡滠水之敌，一旦发现敌情，台上立即点火报警，于是四座寨门便会紧紧关闭，把入侵之敌阻挡在寨门外。作为古代防御工事的木兰古寨，在历史上起到了保护人民生命财产安全的军事堡垒作用。

（胡永弘）

三台八井九湖十三山

昔日楚望台

旧时的武昌，山多水多，可以说开门见山，出门遇湖。人们将城内的山水概括为三台、八井、九湖、十三山。实际上武昌城内的山水并不止此数，故所指常不一致。

三台是指楚望台、梳妆台、望儿台。楚望台在梅亭山，起义门附近。明太祖朱元璋封其第六子朱桢为楚王，朱桢就藩武昌后，在此筑台遥望明朝当时的都城南京，表达对父母的怀念之情。台早已不存，清末曾在此建军械库，辛亥革命武昌起义后，起义士兵以此为总指挥部，楚望台因此而知名于世。梳妆台所指有二，一般指楚王城内寝宫，为楚王妃嫔梳妆处，原有金鱼池、御菜园、长寿寺等建筑，故址在今彭刘杨路省水产局后，高台残址犹存。而《江夏县志》却指为朱石山，在县东北，邑人以山位于郡学巽地，建奎光楼其上。为何称为梳妆台，缺乏交待。如果三台都指楚藩旧事，那朱石山一说则不能成立。望儿台又称龙床台，在高观山凤凰窝。

明楚王府梳妆台遗址

楚王华奎系恭王妃兄王之子，抱养在宫中，袭封为第九代楚王。宗人华越等向朝廷揭发华奎非恭王子，神宗下诏"勘楚"，华奎被暂幽于贡院，王母到山顶土堆上望之，故称该处为望儿台。

八井一般是指清风井、明月井、九龙井、八卦井、汲水井、蟹马井、白鹤井、金钱井。而有的认为八井中无白鹤、金钱二井，而有小井、义井。还有的认为八井中有双眼井、霸王井或五龙井、沙井等。随着武昌城市建设的发展，这些井多已湮没，由于一部分井在历史上有名，准备重建井台，供人观赏。如文昌门内、高观山下的清风、明月二井和清风、明月二桥，本来是很好的景点。现拟于清风井原址重建青石井台，于北侧设月洞门以通明月桥。紫阳湖畔公园门外的霸王井，传说饮此水可使人体力倍增，在修马路时已填没，现在公园内另砌有霸王井井台。

武昌霸王井

八卦井、双眼井文物保护标志

九湖是指司湖、西川湖(一说无此湖，应为弯把湖，又名东湖)、宁湖、都司湖、西湖、歌笛湖、教唱湖、长湖和紫阳湖。已在《武汉的湖泊》篇中介绍，兹不赘述。

十三山一说是指七山、二岭、三坡、一峡。七山是黄鹄山、高观山、长春山(此三山为蛇山分地段的山名)、胭脂山、花园山(崇福山)、凤凰山、梅亭山。二岭是芝麻岭、巡道岭。三坡是黄土坡、察院坡、鼓架坡。一峡是螃蟹峡。另一说指黄鹄山、蔡东山、殷家山、高观山、棋盘山(此五山总称蛇山)、炮架山(在武胜门东段城墙内)、崇福山(在蛇山之北)、凤凰山(在城北)、胭脂山(在蛇山北,又名鞭子山,山石呈胭脂色,故名)、一字山(俗称狗儿山,在黄鹄山后,现尚有高土堆)、朱石山(又称猪市山,在黄土坡附近)、梅亭山(在起义门附近)、萧山(在梅亭山西北石灰堰附近,传为晋萧丹隐居地)。

(严昌洪)

武汉的三座凤凰山

凤凰，是中国古代传说中一种神鸟，其状如鸡，五采而文，自歌自舞。人们认为凤凰是一种吉祥之鸟，“见（现）则天下安宁”。据说229年（三国吴黄龙元年）“夏口（今武昌）言凤凰见”，汉阳也有凤凰出现。此后，人们把汉阳凤凰栖息过的山称作凤栖山，把武昌出现过凤凰的山称凤凰山。而在青山有座小山形状像凤凰，也被称为凤凰山。这样一来，武汉就有了三座凤凰山。

汉阳凤栖山

凤栖山在汉阳城北，今汉阳区中部偏东，北距龟山约500米，俗呼凤凰山。此山为汉阳城北部屏障，形势险要，自唐至清，历代均设城垣于山上。凤栖山在唐代建有秋兴亭，为沔州刺史贾载所建，亭后飞阁，瞰大湖，对大别山，景趣尤胜。中书舍人贾至曾作《沔州秋兴亭记》。宋孙灼亦题诗云：

前有长江后有湖，天将此景属吾徒。
当时想未见秋兴，漫说南楼天下无。

亭东旧有寥廓台，宋蔡纯臣谓其“据凤栖之峻峰，倚大别之巨麓，蜀江西来，汉水东入，山光水色，四环交映”。在凤栖山南麓有一梅岩，岩上及四周为园亭池馆会集之地。如双松亭，传李白将去衡岳时，曾在此与族弟

金桥半山花园就建在汉阳凤栖山上

相聚。另一竹斋，亦传为唐张谓出使夏口时与其弟酬唱处。明万历末年，世运承平，士大夫卸职归来，无不假此行乐。有一位叫萧丁泰的官员用重金在凤栖山麓买得王太常故宅，将梅岩上下亭台楼阁重加修饰，在岩下修池，池上建阁。如果从小道登岩上吸江亭，则大江洲渚、城郭之盛，一览而极。亭东架岩而出，在侧边建曲房，可谓“天吹绮窗，凌虚梅槐”，直与神仙洞府媲美。岩前有别业，道旁老桂婆娑。其南曰览辉堂，其北有先春楼，密砌幽篁，与山争胜。最西夹巷而下，有九莲池，池中金鲤大者八九寸，池上筑退密斋。明末遭劫火，楼台花草全部化为灰烬，惟宋摩崖刻“梅岩”二字屹然尚在。清初萧氏故园易姓，吸江亭被更名为御书亭。

武昌凤凰山在城北，今解放路北端东侧。山上旧有炮台，在战争期间，为攻守要地。汉孝子孟宗之母墓以前亦在山上。孟宗哭竹生笋的故事流传至今。

孟宗哭竹生笋图

青山凤凰山地处长江南岸，凤凰村北，东距红钢城约4公里。早年为兵家必争之地，山势起伏多变，山上古树参天，松竹繁茂。原有一寺庙，抗战时毁于战火。

（严昌洪）

武汉的湖泊

武汉为古云梦泽地带，江汉平原的中心，这里的湖泊之多，可称为“百湖之乡”。市区内的湖泊有些已经湮没，仅存地名，有些湖泊水面在缩小，有的由大湖渐渐填塞成若干小湖。市郊的湖泊有的是著名风景区，有的是重要养殖基地。而郊县的湖泊除了养殖和灌溉以外，有些仍在发挥水上交通线的作用。

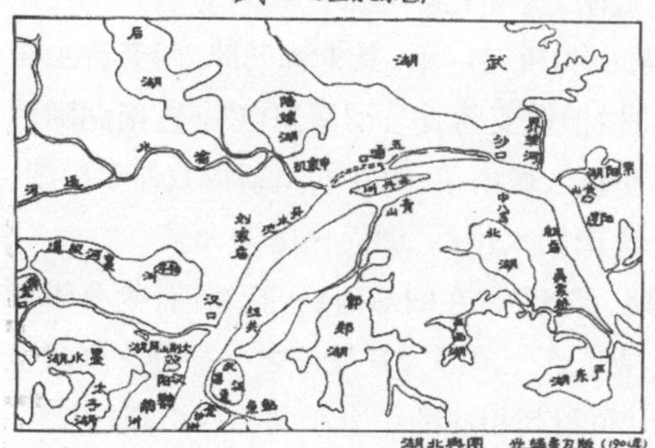

清光绪年间的武汉地区水系图（可见很多湖泊）

在武昌城内，原有九湖。蛇山以南，长街（今解放路）东西各有一组湖泊。街西今人民电影院附近有菱湖，原名宁湖，避庙讳改之，又名明月湖，是旧两湖书院的外湖，今花堤街即为菱湖的拦水堤，在堤的北端经平湖闸出江。南与都司湖、东与西湖均相连。两湖书院的内湖为都司湖，沿湖原来建有水阁、凉亭、长廊，风景宁静宜人。现武汉音乐学院即其旧址，前些年还保留有 30 多亩水面。

街东则有西湖和歌笛湖。西湖原有湖上花园，绿柳成荫，宜于休养，故址在今武汉大学人民医院内。歌笛湖（一名东湖），湖中芦苇薄膜可做笛簧，故名，当地百姓却以谐音呼为锅底湖。湖址在今水陆街与紫阳路之间，现仅存歌笛湖街巷名称。又东为滋阳湖，一名紫阳湖，在今紫阳公园内，是现存诸湖中最大者。据说湖中以前有个墩子，涨水淹不没，故又称墩子湖。湖中有堤，东西向，中有滋阳桥，夏日荷花盛开，可资游赏，为纳凉胜地。明末在籍大学士贺逢圣投湖殉国，清初督学高世泰曾易名为亚

今日紫阳湖

相湖。滋阳湖在桥北的狭长部分称长湖，旁有长湖堤和长湖南村，该湖今已填没。另外，位于水陆街巡回岭和清真寺街附近的教唱湖，明代时曾为楚王府歌伎集中的地方，故名。所有这些湖泊以前都是连成一片的，名曰南湖。现今隔开诸湖的街道，均系以前的湖堤，宋代祝穆在《方舆纪胜》中云："南湖外与江通，长堤为限，长街贯其中，四旁居民蚁附。"《湖北旧闻录》引《入蜀记》称：在蛇山南楼上"下瞰南湖，荷叶弥望，中为桥曰广平，其上皆列肆，两旁有水阁极佳。山谷（按即黄庭坚）云'凭栏十里芰荷香'，谓南湖也"。古南湖随着旧武昌城从蛇山北扩展到山南而包入城内了，现在的南湖指城外赤栏湖。南湖外还有汤逊湖，湖在山间，比南湖水位高，湖面比南湖大。

蛇山之北有司湖，又名藩湖、都抚湖，在旧藩署后，抚署前，为县学外泮。都府堤即为该湖堤防，武昌儿童公园即为其故址之一部分。当时也是蕖荷亭亭，幽芬袭人。司湖以东与其相连的一个小湖称西川湖。

以上为历史上武昌九湖。其实武昌城内还有几个湖泊。如：今紫阳路北，复兴路和烈士街之间曾有弯把湖。凤凰山以北，中山路以南得胜桥、西城壕街一带原有应山湖。旧城东北紫金山外，有一小湖，小湖之外，又有一大湖称沙湖。其中靠东一部分已淤成田亩，仅剩下一青山港可通船。湖西有沙湖嘴，现为武昌工人文化宫。武黄铁路从湖心穿过，堤上有长桥。旧城西北外，筷子街附近曾有筷子湖，今已不复存在。

宋时有东湖在县东5里，湖上有东园，为近城登览之胜地。此东湖疑为今武昌火车站以东的晒湖（赛湖），绕湖一带原多古寺，盖是风景很好的游览地。今东湖，是郭郑湖、水果湖（由水口湖讹念而来）、喻家湖、汤湖、牛巢湖的总称。从磨山可看到东湖外另有严东湖、严西湖，西北还有北湖、杨春湖。更远在青山公园附近还有戴家湖。

月湖风景图

汉阳的湖泊除了古郎官湖和今莲花湖外，最著名的则为月湖了。月湖的范围原来从梅子山向东在龟山北麓直达江边。月湖上有三条堤。最东临江之堤名杨柳堤，筑于1506年(明正德元年)，中有桥，1732年(清雍正十年)郡守高纲并绅士甘昌祺捐建，故名高公桥，为汉口集稼嘴到汉阳城的大道，今高公街、晴川街是其故址。中间一条系清汉阳知府郭朝祚时所筑，旧称郭公堤，中有三孔石桥，解放初此堤尚存，是汉阳人到汉口去的主要通道之一。月湖西端另有一条堤称龙灯堤，今仍在。在龟山北麓未淤塞之前，以郭公堤为界分为东西两月湖，三堤卧于湖上，龟山、梅子山突出湖中，配上古琴台、崇福寺、钟楼、文昌阁等建筑，昔人曾谓仿佛西湖风景。清代施襄有《汉口竹枝词》一首曰：

踏青先上伯牙台，弓底鞋新不染埃。
走遍月湖堤十里，过河还到后湖来。

可见月湖不仅是汉阳人，也是汉口人所喜欢的游览地之一。那时，客到古琴台，可雇舟游荡，湖岸柳树成行，湖中荷花，一碧接天，千红映日，煞是好看。古人总结出月湖八景，有古洞仙踪、板桥花影、僧楼钟韵、宵市灯光、柳映长堤、荷风曲溆、琴台残月、梵寺朝晖等。

汉阳城外西南郊，今武汉动物园一带，还有马沧湖、墨水湖，有港直通汉阳县(今蔡甸区)诸湖，如官湖、刀环湖。再南还有太子湖(又名九真湖)，因南北朝时梁昭明太子得名。往西在汤家山和扁担山之间有龙阳湖。在汉南区还有银莲湖、沉湖等诸多湖泊。

从钟家村沿汉阳大道向西走到五里新村，然后向南拐入马沧湖路，到达武汉动物园，可看见一片与墨水湖相连溶为一体的湖区，它就是马沧湖。今日的马沧湖，风光秀丽，景色宜人。在碧波荡漾的湖面上，浮舟短棹，画廊朱桥，惊禽掠岸，犹如瑶池仙屿移至人间。湖滨，一排排厂房和大树红绿相间，十分壮丽；马路上，前来游览动物园的游客络绎于途。

民国初年古琴台远景

但是，你可知道昔日的马沧湖是一种什么样的情景吗？记得革命先烈龚培元曾写过这样一首诗：

疏雨淡烟起暮秋，朔风初动使人愁。
马沧湖上碧波冷，大别山头红叶稠。
憔悴农民朘髓血，垂腴豪富厌粱糇。
人间多少辛酸事，都付江河昼夜流。

这首诗概括了昔日汉阳县南乡人民和马沧湖的悲惨情景。

马沧湖解放前是汉阳县南乡人民前往老县城和汉口的必经之道，因此在今动物园一带，曾是一个古老的内湖水码头。乡里人要进城或到汉口，分别到松林嘴、老世城、螺丝岗、鸭港桥、南湾等码头，乘坐帆船或汽划子（机帆船），行驶于后官湖上，途经虎头山、新塘渡、张家渡、辛家祠堂、升官渡、纳税堤至马沧湖登陆。这条水路上，付船钱的规矩是："船过虎头山，都要把钱摊；船过纳税堤，都要把钱递。"乘船者要在船上过一个夜才到马沧湖。沿途有卖熟食的小船，俟汽划子过来，便迎了上去，用钩绳把小船与汽划子联在一起,小船上的人向大船上乘客兜售发糕、油条之类食品。一路上,夏日里可欣赏岸边荷花美色,冬天里可目睹猎雁奇观。到马沧湖上坡后,徒步行走,经汉阳郊区的邓家岭、陡码头、栖贤寺、月湖堤至汉江边过河,要走大半天才能到汉口闹市。因此,从乡下到汉口打货的小商人怨声载道,称这种旅行为"坐两天牢,充一天军"(意思是指在船上要在弓棚里坐两天,旱路又要走一天),可见昔日的马沧湖之旅是何等的艰难。当时的马沧湖码头破旧不堪,萧条凄凉,通往汉口的一条羊肠小道上,孤坟野冢连片,乞丐排列成行,哭声、求乞声,令人心酸。一到阴雨季节,路面泥泞,一片疮痍。

解放后,随着武汉经济建设的发展,随着铁路、航运、公路交通的发展,马沧湖一带也出现了勃勃生机,面貌大为改观。现在,蔡甸区和汉南区各镇各乡处处通汽车,从纱帽镇到汉口不过两三个小时。"坐两天牢,充一天军" 的艰难历程已经一去不复返了。如今的马沧湖已与墨水湖溶为一体,构成了武汉市最大的游乐动物园。园内布局新颖,有山有水,有花有鸟,犹如一幅布局协调的山水画卷。马沧湖与墨水湖一样,为武汉市区建设增添了绚丽的色彩。

20世纪初汉口水塔附近湖面

为了将武汉建成"水中江城",再现人与自然和谐相伴的景观,现已在武汉新区开始了“六湖连通”工程，工程旨在把墨水湖、龙阳湖、三角湖、南太子湖、北太子湖、后官湖连通，实现“以水治水、引江入湖”，“一船摇遍新区”的美妙设想。

汉口中山大道西北边原来都是湖泊，统称“后湖”，包括牛湖、西长湖、鲩子湖、十八淌子等。后逐渐淤浅，在张公堤筑成后更涸出多数田亩，剩下来的湖泊遗迹，主要分散于沿街后侧及沿张公堤一带。后湖传是襄河（不是汉水）故道，原可由土垱出江。在江汉路一带，未筑堤前可直接乘船经后湖达黄陂、孝感。后湖风景优美，骚人墨客称其为“潇湘湖”，明清之际是汉口人的主要游乐场所，将有专篇述及。在今建设大道和青年路的夹角上有一北湖，建设大道以南还有罐子湖等小湖。

在汉口西北，原有一片面积为40万亩的水面，泛称东西湖，其中又有小湖名猫儿湖、桑台湖等。现基本上淤为田地，已辟为农场。

至于武汉郊区江夏区的纸坊湖、蔡甸区的鸡笼湖、黄陂区的武湖、新洲区的张渡湖和更多的湖泊，限于篇幅，不拟一一介绍。

（严昌洪）

东湖定比西湖强

“东湖暂让西湖好，今后将比西湖强。”这是朱德同志1954年来游东湖后所题诗篇中的两句。他预言东湖风景区的发展远景将会胜过杭州西湖。

武昌东湖

西湖之所以受到游人的青睐，除了西湖本身的风景美以外，还因为西湖四周有不少名胜古迹，如保俶塔、岳坟、灵隐寺等等。其实，东湖周围也有不少名胜古迹，如果一一将其开发出来，亦会使东湖增色不少。东湖边的古迹主要有：

楚王墓　在渔光村西北凤麟嘴，原有一座楚墓，墓主为春秋时楚王熊渠之子熊红。熊红于公元前885年被封为鄂王，熊渠死后继为楚君。相传死后葬此，故称楚王墓。路旁原有一座断碑，为1417年（明永乐十五年）所立，碑上刻有“本处禁地，不许人埋葬”，说明当时已有保护古墓的措施。在马王庙侧，有饮马池，相传为熊红饮马处。

彤云阁　相传曹操赤壁之战时路过此处，曾寄宿阁中，故又称作曹操庙。此阁原在武汉大学左侧，后移建周家岭。阁内旧有“鼎足三分”匾。

郊天台　位于磨山主峰山顶，相传汉昭烈帝曾祭天于此。台已倾圮，遗址尚存。今在故地建有新的郊天台，为磨山风景区又一新景观。

吴主庙　在白马洲对岸的雁嘴，旧有吴主庙，纪念孙权。

白马洲　在东湖西北角上，有一小洲。相传赤壁之战时，吴国赞军校尉鲁肃助周瑜大破曹军之后，转回夏口，骑马过此小洲，马陷泥中而死，故称白马洲或陷马洲，洲西边有一冢，传为鲁肃白马之冢，1958 年被铲平。

民国初年的武昌关夫子卓刀泉

卓刀泉　东湖南有伏虎山，山麓卓刀泉庙供汉寿亭侯关羽像。相传关公行军于此，以刀卓地得泉，泉深约 3 丈，水清而味甘，井口围以古石，上刻“卓刀泉”三字。庙左有桃园阁，曾供桃园结义之刘、关、张像。卓刀泉东北一里许的湖滨，有关公桥，是卓刀泉通磨山的要道。

鄂公窑　在饮马池附近，有个村庄名“四十八窑湾”。627 年（唐贞观元年）尉迟敬德被封鄂国公，传说他大修鄂州（今武昌）城，在此建砖窑 48 座。上世纪 50 年代时尚存窑址 4 座。

放鹰台　在东湖西岸（今中共湖北省委大院内）。它的得名，一说是李白在此观看放鹰，一说是李白访李邕故居后，在湖边发现一只小鹰被套住，便解开套子，放飞小鹰。从此自已亦学习冲天飞去的雄鹰，云游四海，长吟狂歌，无意仕进了。人们把李白放鹰之处称为放鹰台，原来也是东湖一景。

九女墩　在渔光村北约一里远处有小山冈，冈上葬有太平军英勇牺牲的9位女战士。

珞珈山　按乾隆《江夏县志》，此山原名“逻迦山”，俗称“罗家山”。1929年武汉大学在此建设新校舍，经著名教授闻一多提议，校长王世杰同意，将山名改为“珞珈”，以坚硬玉饰之意来象征武汉大学是当时两湖地区的最高学府。武汉大学的校舍建筑别具风格，亦是游览的好去处。

坐落于东湖之滨的武汉大学，建筑别具风格

东湖周围新建的景点，亦从再现历史，保存古迹的角度立意，丰富了东湖风景区的文化内涵，如行吟阁与屈原像、磨山上的楚天台和郊天台、湖边的寓言公园和李白放鹰雕塑等等，吸引了无数的游客。这些都为东湖将来赶超西湖奠定了基础。

（严昌洪）

江夏八分山

八分山在江夏县东南50里，即今江夏区纸坊附近。此山有水分流如八字，故名。《建康录》曰“武昌有山无林，政可图始，不可居终，山分八字，数不及九”，指的就是八分山。山旁在明时还有因山得名的八分湖、八分院。

迷雾中的八分山

半山腰有飞锡泉，唐贞观年间有骆禅师游方（按：佛家语称为“飞锡”，即持锡杖云游四方）至此，建为道场，故名。该泉无论久旱、甚雨，两不盈涸，朝廷赐庙名为灵济庙。据说建庙以后，很少有灾荒，一方百姓获益不浅。1187年（宋淳熙十四年）赐封该庙为嘉泽侯，1193年（绍熙四年）再加“显应”二字。1200年（庆元六年）夏旱，地方官奉命祷雨于庙，大获甘霖，四郊沾足，遂成丰年，又赠“灵惠”二字。相传元代郡守李贞登山祈雨，“有巨蟹如白龙入潭，黑龙渤起，雷雨大作。”此庙后不存。明清时代，在山顶有八分寺，又有慈云寺。山巅有子午石，身方顶圆，群石环之，遇旱祷雨皆在石前，故八分山在清代为省会朝山。1807年（清嘉庆十二年）湖广总督汪志伊亲至山上祷雨，并于子午石正面镌“八分山之神”，左旁镌“子午石”，共8字。

江夏八分山南麓白云洞

八分山南麓，有一个前后贯穿的天然大溶洞，名白云洞，俗称石洞。据任平《白云洞》一文（载《文史报》总第6期）介绍，全长约300米，分前洞、中洞、天井（天窍、天窦）和后洞四部分。洞口朝南，呈圆形。洞口右上壁刻有“白云洞”三字，为明代兵部尚书、江夏人熊廷弼所书。洞口两旁原有一对武士石雕，是朱元璋驻兵于此攻打武昌后所建。前洞内右侧有两支洞，《江夏县志》称为凉洞和暖洞。前洞后部有一石窟，中奉观音雕像，高丈余，是为无梁殿，殿名三字俱逾尺，亦为熊廷弼手书。石窟寺在江南少见，而像这样建于岩洞深处的石窟寺，更是一绝。中洞是一长形通道，洞壁全为钟乳石。穿过中洞，即到天井。《江夏县志》载称：“（进洞）东折半里，仰见天窦。”所谓“天窦”，是洞顶有“天窗”通外，外边天光射入洞中。在天井左石壁上刻有“雷闪洞开”四字，使人对天窦顿生无穷联想。后洞为白云洞出口处，有两个出口，一为北口，一为东口。出北口，豁然开朗，青山叠翠。出东口，向上攀登可达八分山顶。洞内石壁上尚有明、清人石刻多处，如“两间磅礴，一个崆峒”、“足飞”等。清咸丰年间罗泽南曾驻军于此，刻有“水流云在”4字。

（严昌洪）

洪山上的塔

位于武昌东部的洪山，古称东山。南宋端平年间(1234 — 1236)金人南侵，为避兵乱，荆湖制置使孟珙等人将随州大洪山的灵峰寺(原名幽济禅院)迁移到武昌东山，该寺所供奉的慈忍大师的双足亦同时迁来，朝廷赐名“崇宁万寿禅寺”，东山亦改名洪山。“崇宁万寿禅寺”坐落在洪山南麓，1485年(明成化二十一年)，改名宝通禅寺。

民国初年的宝通寺和洪山宝塔

宝通寺后有一座宝塔，名灵济塔，俗称洪山宝塔。此塔建于元代，是为纪念“以身代牲”，祈雨救民的慈忍大师而修建的。洪山宝塔矗立在宝通寺后偏西靠近山顶处，高约43米，是一座砖石仿木结构的楼阁建筑。该塔呈八面形，每面的外壁上皆嵌有1307年(元大德十一年)的塔记。塔身共有七层，逐层内收，威武挺拔，内有梯道盘旋而上。来此游览的文人学士为宝塔每一层起了一个颇有诗意的雅号：一柱擎天、二仪当下、三山半落、四顾茫然、五云多处、六合清朗、七级浮屠等。

洪山宝塔

1874年(同治十三年)大修时，将塔顶增高5尺，并安上了文笔峰式铸铜塔刹，使宝塔外形比以前更加壮观。洪山宝塔是武汉最高最美的宝塔，在它的衬托下，宝通禅寺更显得庄严雄伟。

在洪山的西南山麓，还有一座小塔叫兴福寺塔。传说在夏至中午时分，兴福寺塔无影，故又名无影塔。从塔身刻有的纪年看，无影塔建于1270年（南宋咸淳六年），原塔址"下有浪花井，其脉通江，井水常沸腾，建此塔以镇之"。

洪山无影塔

兴福寺塔是仿木石砌结构的重檐楼阁式建筑，高11.25米，采用了我国古塔中少见的四层八面的偶数分层法。此塔内实外坚，在四壁上各砌有一个雕有姿态肃穆、潇洒生动的佛像、菩萨、罗汉、天王、力士、供养人像等的假门。

兴福寺塔于近世开始倾斜。1963年从洪山东麓迁往西麓时按原状恢复重建。该塔距今已有700余年历史，是武汉最古老的建筑之一。由于洪山宝塔与它外形相仿，又比它晚建60余年，故有人说，洪山宝塔是仿它而建。

（胡永弘）

纱帽山的来历

在汉阳旧县城(今汉阳区)西南80里的长江边,有一座不高的孤山临江峙立,形似乌纱帽,人称纱帽山。当地民谣描绘了此山的美丽风光:"纱帽山貌好,青峰江水抱,山在水中立,水在山边绕。"纱帽山与武昌金口镇附近赤矶山隔水相对,形成武汉南大门的咽喉之地。

纱帽山原名百人山。《水经》曰:"江水左迳百人山南。右迳赤壁山(按即赤矶山)北。昔周瑜与黄盖诈魏武大军所起也。"郦道元注称,三国时东吴黄盖引百人带十船柴薪在此设伏,参加了打败曹操大军的赤壁之战。故此山称为"百人山"。

百人山因形似乌纱帽而又被人们称为纱帽山,好事者还因此发挥联想,杜撰了一个动人的故事。《武汉通览》所著录的故事是这样的:传说古时此地常患大水,皇帝遂派大臣禹青前来治水。有一年,暴雨骤起,江堤决口,禹青站在决口处捶胸顿足,毫无办法。忽然一阵狂风,吹落他头上的乌纱帽,落于缺口处,顿时变成一座山,堵住了江水。纱帽山因此得名。

纱帽山遗址

《晴川往事》所刊《纱帽山的变迁》(作者王庆和)一文所述故事略有不同。战国时有位大臣来此治理水患，他为官清正，体察民情，仿效大禹治水，到处奔波，辛勤劳动，终因力不能及，水患并未治住。在他告老还乡，乘坐木船途经此地时，仍是茫茫一片大水。他面迎江风，站在船头大发感叹之际，忽然狂风大作，电闪雷鸣，大雨滂沱，江涛呼啸，他头戴的乌纱帽被风刮落江水，木船在江中摇晃颠簸，他连声惊叹："天灭吾哉！吾命绝乎！"讵料乌纱帽落水处，陡起一座小山，木船在山边靠岸，人船均转危为安。人们为了追念这位清官，便将此山称为纱帽山。

我们不必去怀疑乌纱帽是否真能变作镇水山，也不必深究战国时代有无乌纱帽，传说毕竟是传说，它寄托着人民大众对征服洪水，国泰民安的愿望和对为民治水，造福百姓的清官的期待。

（严锴）

三镇的古桥

20世纪50年代有了引为骄傲的万里长江第一桥——武汉长江大桥和江汉桥、汉水铁桥以后，武汉人把从前的那些古桥差不多都忘记了，即使提到人人熟悉的硚口、六渡桥、积玉桥或西门桥，也仅仅是把它作为一个街区的地名来看待的，很少思考从前那里曾有过怎样的一座桥。这也难怪，像赵州桥那样保存完好的古桥，在三镇范围内，几乎找不出一座了。随着沧桑巨变，许多桥湮没了、毁圮了，许多桥屡毁屡建，不仅面目全非，名称也几经改变。然而，那些古代桥梁，是劳动人民智慧的结晶，是武汉历史的一个组成部分，我们不应该忘记。

武昌城里原来有九湖，有些湖互相沟通，为了方便交通，一是筑堤，二是架桥。据说武昌长街(今解放路)原为古南湖堤，堤上曾有广平桥，这恐怕是武昌城里比较早的桥梁了。墩子湖(紫阳湖)与长湖之间有座紫阳桥，建于明代，风景美丽，是游人常去的地方。每到中秋节的晚上，则是妇女的世界，因传说桥上石头玲珑多孔，是夕妇女暗摩石窍则可生子。王景彝《琳斋诗稿》中有《中秋竹枝词》记此俗曰：

涂山剖石古曾传，炼石抟人一转关。
就使摩挲真应手，生儿也带一分顽。

在城东北原有清风桥。在平湖门内，明月湖上曾有明月桥。城外晒湖和南湖通巡司河的出口，分别有踏步桥、通惠桥和长虹桥。长虹桥在起义门外东南方向，现仍在，是到原南湖机场的主要通道，面貌已不是明清时代旧貌。

民国时期武昌长虹桥

在城南巡司河上，出望山门有

一桥，今称解放桥。最初时，这里是一座浮桥。请看明代《湖广图经志》的记载："在望山门外，两圻相峙，商贾萃焉。渡者假以舟楫，或遭覆溺。知府冒政乃造舟为梁，人免前患，称为冒公桥。岁久圮坏。正德十二年(1517年)左布政使周季凤措银八百余两，嘱知府沈重修巨舰十七，上设栏槛，两岸砌石，民甚称便。"到楚恭王英燿时，由楚王府出资改建为木桥，因名王惠桥。1936年改为水泥桥时，更名中正桥。解放后改今名。出保安门亦有一桥，建于王惠桥后，故称新桥。此处最先由明兵部尚书熊廷弼建石磴一座，梳形，3丈宽。1714年(清康熙五十三年)改建木桥，并筑石磴两座，名额公桥。后毁于兵燹，1912年由益善堂修复。此桥原为风雨桥，桥上有木架布瓦顶棚，1956年大修时拆去。

洪山区和平乡的北洋桥是武汉历史最悠久的古桥，屡毁屡建，明弘治十七年(1504年)重新建造，历经500年，至今保持原貌。这座石拱桥长50米，宽7~11米，拱桥跨度14米。现列为市级文物保护单位。

明代北洋桥今貌

在汉阳，有武汉历史上记载最早的桥梁——迎春桥。它于1107年(宋大观元年)前后建于莲花湖中莲花堤上。桥头曾有当时儒士所书"迎春"二字，笔力苍劲，宛若游龙。明代诗人赵弼有诗咏迎春桥景色曰：

谁人垒石架长虹，江水流来汇泽通。

绿野年年二三月，野花芳草总春风。

汉阳包括迎春桥在内的桥梁多在古汉阳城外。出凤山门(西门)约2里，有西门桥，原名永安桥，始建于元末，1467年(明成化三年)通判石磐重修，此桥为当时通京城的唯一要道，官民迎宾、送行活动多在此进行，故桥头两端建有风雨亭、迎宾阁。有诗描写送别情景曰：

长亭相伴永安桥，送君惜别雨潇潇。

莫待柳叶焦黄瘦，早托鱼雁传捷报。

西门桥也是香客游归元寺的必经之路。20世纪50年代此桥犹存，后桥下水枯，改建道路时拆除。现从西大街与西桥街的断处仍可想见当年有桥连接的情形。城北月湖东杨柳堤上有高公桥，是1732年（清雍正十年）知府高纲及绅士甘昌祺捐资兴建，故名。湖中郭公堤上有三眼桥，又称月湖桥。城南南纪门（南门）外夹河上有南门桥。此外还有小桥、青石桥、桥上桥、东月湖桥、业林桥、一字桥、品字桥、聚仙桥等，难以缕述。

在汉口，主要是原玉带河上的32座桥。根据范锴《汉口丛谈》的记载，这32座桥从西到东是：玉带河桥、大桥口（今称硚口）、小桥口、董家桥、广麟桥、天保桥、绳武桥、燕家桥、太清桥、指月桥、大通桥、长寿桥、卧龙桥、飞虹桥、玉泉桥、赵家桥、万年桥、永清桥、燕山桥、多福桥、裕麟桥、玉虹桥、宝林桥、三元桥、六度桥（今称六渡桥）、万寿桥、广益桥、保合桥、太和桥、双寿桥、通津桥、出江木桥。以后又陆续增修了一些桥，如1835年（道光十五年）所建的保寿桥等，使玉带河上桥梁增至37座。诸桥多是汉镇去后湖的通道，把市廛和郊游之地紧紧地连接起来。黄孝河上则有东板子桥、西板子桥以及三眼桥等。这些桥多为木板桥或石拱桥。随着城市建设的发展，玉带河和黄孝河均已湮没，以上古桥大多无存，一部分仅仅作为地名残留在人们的生活中。

20世纪70年代汉口保寿桥（桥两侧栏杆成了墙体的一部分）

（严昌洪）

三镇的古堤

游过杭州西湖的人，一定对白堤和苏堤留下了深刻的印象。白堤相传为唐代诗人白居易任杭州刺史时所筑(其实原来已有，称白沙堤)，而苏堤则是宋代著名文学家苏轼知杭州时筑。为了纪念这两位曾为杭州人民造福的父母官，人们把他们所筑的西湖堤分别称为白公堤(俗称白堤)和苏公堤(俗称苏堤)。

在武汉，也有几条以主持筑堤的官员命名的堤，那就是武昌的熊公堤和郭公堤、汉阳的郭公堤、汉口的袁公堤和张公堤。

据黎少岑《武汉今昔谈》载，在武昌城南有明兵部尚书、辽东经略、江夏人熊廷弼所筑的熊公堤。1612年（明万历四十年）熊由南直隶(今南京)督学任上被免职回乡，发起募捐，倡修堤闸，本人变卖家产捐款数千金，官商人等共捐资万金以上，修筑了武昌城至金口的堤段，故址为今武金堤。

武金堤如今是繁忙的公路

武昌的郭公堤在宁湖(菱湖)湖心，自长街(今解放路)至新开路二里，都统制郭果所筑。

汉阳的郭公堤在东西月湖之间，即今汉阳文化宫立交桥至江汉桥一带，是1724年(清雍正二年)汉阳知府郭朝祚为方便交通所筑，堤两边月湖景色引人入胜，汉口士女常挈侣渡河，来郭公堤上踏青，观赏湖景，有诗为证：

大河南岸郭堤悠，柳绿莎青三月头。
人面赛花还赛雪，广藤轿子揭帘游。

相比起来，汉口袁公堤与张公堤规模要大得多。袁公堤系1635年（明崇祯八年）汉阳府通判袁焻倡议修筑。上自硚口，下至堤口，约长11里，绕汉镇后面，以防后湖水溢。后居民渐集堤上，房屋栉次鳞比，成为街道，称为堤街，此街并非在汉口堡建后形成，道光初范锴著《汉口丛谈》时已有，且比较繁盛。堤外取土处成一深沟，汉水由硚口灌入，至堤口入江，称玉带河。

张公堤称后湖官堤。汉口后湖在春夏汛期，常常浸涝成灾，虽有袁公堤、汉口堡为之抵御，然只能保旧汉镇的安全。汉口开埠，中外互市以来，在今江汉路以下地方，租界和铁路仍受洪水威胁。1901年（清光绪二十七年）湖广总督张之洞即拟筑长堤以防水患，但因经费短缺未成。1904年始饬江汉关道详细踏勘，鸠工筑堤。长堤起自硚口皇经堂裕丰垸（当时称为铁路1号地方，为京汉铁路尽头），向北经长丰垸旧堤，至杜家湾东拐，向东北方向经姑嫂树、戴家山，至牛湖广福寺前堤角（当时称为铁路150号）止。全长30余里，堤外开辟引河，上通汉水，下达滠口，以排湖水。1905年春初步筑成，使后湖一带涸出田地10余万亩，泽国皆化为市廛，为汉口市区的扩展创造了有利条件。后时加培修。解放后利用堤顶修建公路，成为汉口外环线的重要组成部分。

汉口张公堤

除了以上以主持筑堤官员命名的古堤外，武汉还有几条著名的古堤：

花蕊堤，又称花堤，宋政和年间(1111—1118)武昌知府陈邦和知县陈基主持修筑，主要防止湖水外溢和江水内侵，因宋元时代城南右隅有花蕊门，故名。故址在今平湖门至文昌门内，现尚有花堤街，是武昌最古老的堤防遗址。

万金堤，在武昌武胜门外今大堤口一带，宋绍兴年间(1131—1162)派军队修筑，堤上还建有压江亭，以镇风涛。据明武昌知府郭正域《武昌府重修江岸记》称："万金堤，半在城内，居民栖止其上，为闾阎。"可见明代时此堤有一半已不起作用，到近代，更是半圮半没。

1607年(明万历三十五年)，武昌遭到一次大水，城内半为波涛，舟行于市，损失巨大。经此次水患后，官府更重视城外堤防的作用，经知府张以谦请得朝廷同意，大修城堤，自王惠桥(今解放桥)沿江至阅兵楼(明代教场，在武胜门外)，堤长1135丈，高、宽均在4尺以上，自王惠桥至洪庙无岸处，以青红石垒驳岸，高、宽一如城堤，又铸铁牛4头镇之。

武昌城南至金口原有的熊公堤，清道光年间湖广总督周天爵筑为大堤，但年久失修，仅有堤形可按，每年夏间必为江水灌入，数十万亩良田悉成湖荡，居民弃耕，生活极形困苦。武昌城北至青山，民间于长江春涨时筑土埂临时防水，但全不足恃，一经夏涨或春水稍大，便致漫淹，将沙湖、大小郭郑湖(今东湖)连成一气，自江岸抵磨山一带，一片汪洋。清末光绪年间，湖广总督张之洞和湖北巡抚端方利用湖北赈捐余款，力筹大修之举，以为一劳永逸之计。先修成红关至青山30里大堤，称武丰堤，为今武青堤前身。后修成白沙洲至金口60里大堤，称武泰堤，即今武金堤前身。旧有石驳岸增筑加高，武胜门外未有驳岸处一律加修石驳岸。内湖之水须有闸以资宣泄，旋在南北各修水闸一座，南边巡司河上称武泰闸，北边东湖出江口处称武丰闸。武昌两堤两闸的建设，保护了农业生产，方便了来往交通。

在汉阳，除了月湖上的三条堤——东头的杨柳堤(又名免溺堤，明正德初年知县蔡钦修筑)、中间的郭公堤和西头的龙灯堤(初名三搁石堤，清雍正年间由一僧人捐修)外，沿江东门至南门一线有护城石堤一道，1738

年(清乾隆三年)修建。在凤凰山与龟山之间则有永丰堤(又称为新丰堤),始筑于1612年(明万历四十年),当时是为了沟通月湖,后来有了郭公堤,它成为汉阳西门至汉口武显庙码头的重要通道。另在城外三里坡药王庙至沌口,有始建于1506年(明正德元年)的20余里长的拦江堤,屡毁屡建,至1827年(清道光七年)商人集资重修后,曾改名江永堤,以求江堤永安。此外,汉阳还有毛家堤(已与毛家山一齐移平)、腰路堤(今仅存地名)等。

以上这些古堤坊,不仅在修筑当时具有抵御洪水,便利交通的功能,而且经解放后不断维修加固,一部分至今仍在发挥防洪作用,大部分作为道路使用,方便了市郊的交通。

(严昌洪)

中国名城掌故丛书

◎武汉掌故

Wuhan Zhanggu

古迹觅踪

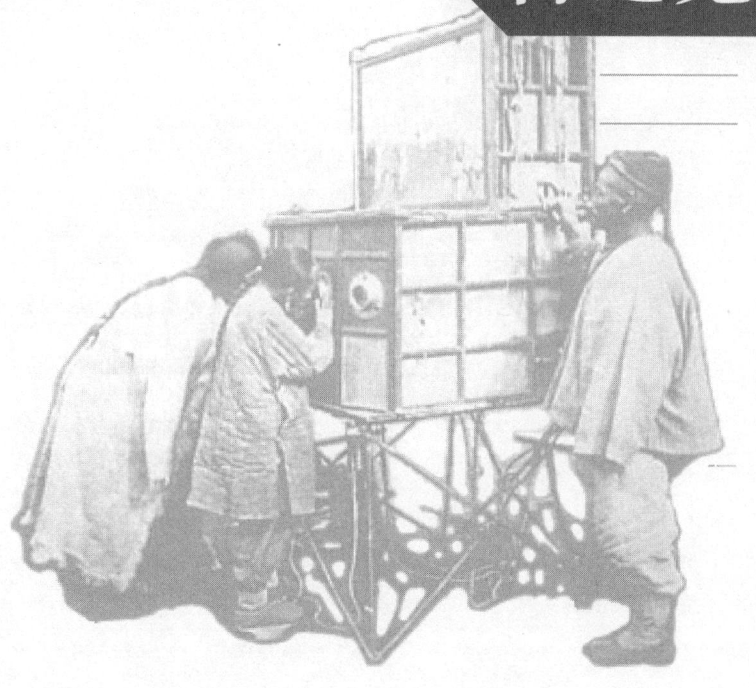

琴断口与伯牙台

汉阳古琴台记载着一段动人的“高山流水有知音”的故事。该故事流传千古，脍炙人口。故事中的主人公俞伯牙与钟子期这一对知音，千百年来成为世上生死不渝的友谊楷模。

据明末话本选集《今古奇观》“俞伯牙摔琴谢知音”的描述：春秋战国时期，楚国郢都人氏，仕至晋国上大夫的俞伯牙，精于音律善操琴。有一年奉晋主之命使楚，办完公事，张一风帆，返乡省亲。不一日，行至汉阳江口，时值中秋，适逢雨止云开，明月当空，伯牙在舱中独坐无聊，命童子焚香，抚琴案间，以遣情怀。方弹一曲，琴弦忽断，伯牙大惊，料有人听琴，遂下船察看，见有樵夫立于岸上，经两厢辩琴论艺，伯牙始知此人非俗士，于是邀其入舟，此人乃钟子期也。此时，伯牙续弦再操瑶琴，始奏一曲志在高山，钟子期听了，赞道：“善哉，峨峨兮若泰山。”伯牙续奏一曲意在流水，子期又赞道：“善哉，洋洋兮若江河。”一曲高山流水喜遇知音，上大夫与樵夫结为挚友，相约翌年中秋在钟家重聚。一年以后，俞伯牙重回故地时，子期不幸离开了人间。伯牙面对一丘新土，悲痛欲绝，便在坟前抚琴祭奠，重弹“高山流水曲”以寄托哀思，琴声惊天动地，哭声悲切，招来山中黎民百姓围观，闻琴韵铿锵，鼓掌大声而散。伯牙见此情景更为伤心，对天长吟：“春风满面皆朋友，欲觅知音难上难。”吟罢，伯牙从衣间取出小

今日古琴台

钟子期墓

刀，割断琴弦，双手举琴，向祭台上用力一摔，摔得玉轸抛残、金徽零乱，从此碎琴绝弦，终生不复鼓琴。由此，“高山流水有知音”传为佳话，千古不衰。

如今，富有传奇色彩的伯牙台、碎琴山、琴断口、钟子期墓在何方？伯牙台，一名古琴台，又名碎琴台。据《汉上琴台之铭》记：“自汉阳北出二里，有丘焉，其广十亩，东对大别，左界汉水，石堤亘其前，月湖周其外，方志以为伯牙鼓琴，钟期听之，盖在此云。居人筑馆其上，伯牙名之曰琴台。”台在汉阳月湖之滨，较为确切。伯牙台北宋时已有，但历代多有兴废，解放前古琴台是断壁残垣，荒草离离；解放后，古琴台回到了人民手中，1953 年武汉市总工会以琴台为址，兴建了汉阳工人文化宫。1957 年拨款对伯牙台进行了全面修葺，增设了许多景点，琴台廊馆，金碧辉映，绿树浓荫，湖水拥抱，真是一处独具特色，融名胜与风景于一体的旅游胜地，是武汉的三大名胜之一。

20 世纪 50 年代的一枚邮戳证实琴断口的存在

伯牙摔琴之地，后人称为碎琴山，位于汉阳琴断口仙女山附近的平塘渡，现属汉阳区永丰乡管辖；琴断口应是当年俞伯牙停舟抚琴，被钟子期听到后，琴弦突然断了的渡口，位于汉阳汉水上游一个小镇。钟子期墓，位于蔡甸区新农乡马鞍山前的凤凰嘴，解放前荒芜不堪；解放后，进行修整并立新碑，上书“楚隐贤钟子期之墓”。现被列为武汉市文物保护单位。

（包年生）

祢衡与鹦鹉洲

惟西域之灵鸟兮，挺自然之奇姿，体金精之妙质兮，合火德之明辉。惟辩慧而能言兮，才聪明以识机。故其嬉游高峻，栖峙幽深，飞不妄集，翔必择林。绀趾丹嘴，紫衣翠衿，采采丽容，咬咬好音。虽同族于羽光，固殊智而异心；配鸾皇而等美，焉比德于众禽。……

这是东汉名士祢衡所写用以自况的《鹦鹉赋》中的一段，长江中的鹦鹉洲因此赋而得名。

祢衡（173—198），字正平，平原般（今山东乐陵西南）人。少有才辩，为人“忠果正直，志怀霜雪，见善若惊，嫉恶如仇”，恃才傲物，屡侮权贵。先是曹操召其为鼓吏，令其改服鼓吏之装，借以辱之，他却在曹操及众宾客面前裸身更衣，后又在营门外，击鼓骂曹，为曹操不容，遣送与刘表，刘表亦被其侮慢，乃转送给部下江夏太守黄祖。祢衡又讽刺黄祖是“庙中之神，虽受祭祀，恨无灵验”，终被性情暴躁的黄祖杀害，终年仅26岁，葬于江中芳洲之上。后人为纪念这位刚直不阿的名士，便借《鹦鹉赋》将他埋骨之处称为鹦鹉洲并在洲上建正平祠，供人凭吊。古往今来，不少墨客骚人来游鹦鹉洲，凭吊祢衡墓，留下无数诗篇，使鹦鹉洲芳名远播，祢正平精神长存。请看清代诗人沈德潜《鹦鹉洲吊祢处士》诗云：

祢衡画像

蚁视曹公气不摧，兰焚玉碎剧堪哀。

故人慷慨推奇士，乱世纵横露俊才。

洲沁何妨激涛浪，文章那肯辱蒿莱。

只今后代经过者，烟水茫茫酹一杯。

被崔颢描写为“芳草萋萋”的鹦鹉洲究在何处，即是在大江武昌一侧还是在汉阳一侧，可说是历史上的一段公案。由于“洲聚于沙，而沙转于水”，鹦鹉洲几经变迁，有了古、今之分。有人认为，古鹦鹉洲在武昌一侧，今鹦鹉洲在汉阳一侧，因此有武昌鹦鹉洲与汉阳鹦鹉洲之说。而有的人认为，今鹦鹉洲固然在汉阳，而古鹦鹉洲也靠近汉阳岸边。将两说的根据加以比较以后，我们倾向于前一种说法。读明人杨基《眉庵集》有《望武昌》二首：

吹面风来杜若香，离离烟柳拂鸥长。
人家鹦鹉洲边住，一向开门对汉阳。

春风吹雨湿衣裾，绿水红妆画不如。
却是汉阳川上女，过江来买武昌鱼。

题为《望武昌》，“开门对汉阳”，可知诗人观察事物的立足点是在鹦鹉洲上。“过江来买武昌鱼”的汉阳女，显然来到了鹦鹉洲上或洲边。鹦鹉洲的位置不是一目了然了吗。又黄福《后乐堂稿》《过武昌》亦有句云：“城头黄鹤楼，城外鹦鹉洲”。这信手拈来的例证足以作为对前一种说法的补充。

祢衡墓

靠近武昌的古鹦鹉洲约在明末清初被冲毁消失。汉阳江边在宋元时代亦有沙洲涌出,但有确定的名称:刘公洲。宋汉阳知军刘谊曾在洲上耕种收获,故名。此洲明嘉靖以来渐没。到了清雍正乾隆年间,武昌的白沙洲为水所没,而汉阳又有新洲淤出,白沙洲民吴某等竟禀官争夺这块地方,请求以新淤洲地断给他们以补白沙洲课税,并命名补课洲。汉阳县民以鹦鹉洲久为汉阳古迹,今既淤出,近在南纪门外,不应远隶武昌,遂争讼于官府。经汉阳县令裘行恕3次具禀力争,新洲仍归隶汉阳并恢复鹦鹉洲名,以存古迹。汉阳鹦鹉洲就是这样来的。汉阳县民所谓"鹦鹉洲久为汉阳古迹",乃争讼时一种强词,其理由盖由崔颢"晴川历历汉阳树,芳草萋萋鹦鹉洲"诗句而来,我们断不可以争讼之词作为古鹦鹉洲亦在汉阳岸边的根据。

今鹦鹉洲从清同治年间起,已渐渐与汉阳江岸连成一片了。旧中国,它是长江流域最大的竹木市场,居民多为做木材生意的湖南人:如今,它不但是长江上最大的竹木转运站,而且是武汉市的新兴工业区和对外贸易港口。

（严昌洪）

龟山古迹揽胜

今天，人们游览龟山，可以登临坐落在东部山顶、高耸入云，内有旋转餐厅，外有巨型广告的电视塔，也可以凭吊东头的鲁肃墓、黄兴铜像和西头的向警予墓、红色战士公墓，至于龟山上许多以往的名胜古迹，已很少有人能够道及。

古人称突出江中的巨石为“矶”。长江上著名的矶有南京的燕子矶、武昌的黄鹄矶。龟山之首亦突出江中，称禹功矶，因纪念大禹治水之功而命名。传说元世祖忽必烈渡江至武昌，驻黄鹄山（蛇山）时，大别山（龟山）形胜恰收眼底。他指着对岸问道，“山头石矶何名？”众以“吕公矶”对，并说唐时有仙人吕洞宾曾吹笛其上。元世祖又问，“唐以前何名？”众人回答不上来。路旁有一老者告诉他“闻诸古语云是‘禹功’，字音讹传，成为‘吕公’”。元世祖十分高兴，欣然命立禹王祠于其上，敕有司岁时祭祀。

龟山上“大别山”摩崖石刻

禹王宫（即禹王祠）是晴川阁外龟山上的又一重要古迹。宋绍兴年间始建，后毁于兵燹。1304 年（元大德八年）重修。明天启年间改称“禹稷行宫”，加祀后稷、伯益等18位先贤。现存建筑为1864年（清同治三年）重建，解放后多次修缮。

在晴川阁、禹王宫附近，相传大禹曾种柏树。一说在龟山南麓太平兴国寺前有古柏，为大禹所栽，故称“禹柏”。宋代诗人苏轼游太平兴国寺时还见过古柏，写下了题为《禹柏》的诗篇，谓“谁种殿前柏？僧言大禹栽。不知几千载，柯干长苍苔”。传说禹柏的根伸展到了60里外的汉阳柏泉山（今属东西湖区）柏泉寺（即景德寺）古井中。《汉阳县志》记载：“禹王栽柏，通六十里之寒泉。”《续辑汉阳县志》亦载称：“相传禹植柏大别山头，根达柏泉井中，故名。今土人淘井，犹见树根二，状如双鲤，其泉对面涌出，如鱼嬉水。遇岁旱，犹能供数十村汲取。”明代诗人赵弼曾游景德寺，饮柏泉古井清泉赋诗云：

影沁空霄玉鉴光，苔封石甃色苍苍。
汲来数仞清泉水，犹带高林柏子香。

清人宋荦《大别山谒禹庙》诗有句云：“庭前碑勒岣嵝字，栋里云生大别山。”这庭前刻着岣嵝字的碑就是禹碑。此碑文原刻在湖南衡山岣嵝峰上，不知何人所书，后人附会为夏禹治水时所刻。宋嘉定年间何致曾到该碑之处，手摹碑文刊之。共77字，似缪篆，又似符箓。1660年（清顺治十七年）由毛会建从衡山摹刻下来，刊于禹王庙前。毛会建认为“形模太奇特，结撰无起止”，无人能够译出读通。衡山原刻和禹王庙碑刻均已不存，昆明、成都、绍兴和西安碑林都曾摹刻有此碑，据说西安之碑还是从汉阳之碑摹刻去的。1984年重修禹稷行宫时，又从西安还刻于此，连原刻残本和乾隆《禹碑真伪辨》一并置于亭内，以存古迹。据载，蛇山上亦曾有禹碑亭，所立“衡岳岣嵝碑”不知与禹功矶上禹碑是否为一？

禹碑

昔日龟山

在今电视塔处原有火警瞭望台，其地为屈原望远台遗址。屈原《哀郢篇》中有句云：“登大坟以望远兮，聊以舒吾忧心。” 大坟即指龟山。在龟山极顶之处，原筑土台一座，民间传为当年屈原望远台。

在龟山南麓泗湾一带，原有唐代古庙一座，宋太平兴国年间奉敕重建，因名太平兴国寺，一名文殊院。苏轼曾到此作《方丈铭》曰：

> 我观大别，山门之外，大江方东，东西万里，千溪百谷，为江所同。我观大别，方丈之内，一灯长红，门闭不开，光出于隙，晔如长虹。

该寺元末毁于兵燹。明万历年间重建时，皇太后赐丈六金佛一座。后屡毁屡建。规模大时，殿阁层楼，林木幽深，八景辉映，足擅一山之胜。到清同治年间重建时，规模“未复旧观”。民国年间逐渐衰败，今已无存。

韩纯玉《寓兴国寺》诗有句云：“柏树传神禹，桃花祀息妫。”后一句说的是龟山北麓，月湖南滨的桃花洞和桃花夫人庙。此庙唐代即有之，壁绘仙女，内祀春秋时为楚王俘虏的息夫人。息夫人为息侯之妻，姓妫。关于她的记载歧异甚多。《左传》上说：楚文王灭息，以息妫归己，生堵敖及成王。传说她因国亡夫死之痛，与楚文王三年不通言语。而汉刘向《列女传》上却说，楚王灭息，虏获息君夫妇，两人同时自杀而死。汉阳民间传说，息君与息夫人在国破之后双双碰壁而死，后人在他们溅血之处植桃花，象征鲜血遍地，并建桃花洞和桃花夫人庙纪念他们。正是：“寞寂应千岁，桃花想一枝。”（唐·刘长卿《过桃花夫人庙》）“息宋兴亡随逝水，死生恩怨问桃花。”（《清稗类钞·祠庙类》“祠庙联语”条所记《息夫人庙联》）。

（严昌洪）

蛇山古迹觅踪

“孔明灯”与仙人洞

明清以来，黄鹤楼几经大火，建而又毁，而在黄鹤楼旁边的一座白色石塔却总能幸免于难，如今它仍然屹立在楼前，与黄鹤楼相映成趣。因传说三国时诸葛亮曾在此燃灯为关羽水军导航，武汉人将石塔称为“孔明灯”。其实，它是从印度传来的一种佛塔，与北京北海琼岛上的白塔、阜城门内妙应寺（俗称白塔寺）的白塔是一个类型的塔，只是略微小些。此塔造型工丽，四周镌有花纹和梵文，难以译读。从前塔的前方建有石坊，题“胜像宝塔”四字，并注明是“大元至正中威顺王太子建”。据考，具体建造年代在 1343 年（至正三年）。塔内有一件石幢和一个铜瓶，瓶内放有舍利（佛骨）。从瓶上文字看，似在 1394 年（明洪武二十七年）重修此塔时放进去的，瓶上所刻文字说明了此

空中看蛇山

胜像宝塔（俗称孔明灯）

举的目的："如来宝塔，奉安舍利，国宁民安，永承佛庇"。

山下旧有石照亭，亦名石镜亭，正枕大江，与汉阳相对。传说有一块山石光可鉴人，但宋代已风化，陆游来时只见"粗顽石也，色黄赤，皴驳了不能鉴物"，大呼上当，批评其"可谓浪得名者"。今已不辨所在。

石镜亭右边有石室曰仙人洞（游仙洞），李白诗曾记此事："颇闻列仙人，于此学飞术，一朝回蓬海，千载空石室。"关于这些仙人，《江夏县志》转载了这样一个传说：一名守关的老卒每天早起即拜洞前。一晚月明如昼，只见三个道士从洞中走出，口中念念有词。良久，将要回洞，老卒尾随其后求富贵。道士给了他一块石头，叫他快出，石洞立刻关闭。第二天看那块石头，已变成了黄金。老卒凿开去卖，被队长发现，抓了起来，认为是偷来的。老卒以实告之，官府派人到他家取来石头，已不是黄金了，而是一块非金非玉，非石非铅的东西，后来一直收藏在军资库中。

到了后世，此故事已不传，由于吕洞宾在民间影响大，人们把游仙洞附会到他身上，改称吕仙洞，并在蛇山头一带建有吕祖阁、仙枣亭等建筑。仙枣亭又名吕仙亭，相传吕洞宾曾在此卖枣，人们建亭纪念之。枣树长时间不结果，有一年忽然结了小瓜般大小的枣子，太守命小吏采摘，小吏却私自偷吃了枣子，成仙驾云而去。此亭明景泰年间重建，清时又建，"仙枣亭"三字为何绍基所书。清光绪末年，湖北巡抚端方在山头仿西洋式样建一警钟楼，犹如今之火警瞭望台。民国初年有人在此开饭馆，以其邻近吕祖阁而取名"纯阳酒楼"，简称"纯阳楼"。

蛇山吕仙洞

涌月台与压云亭

宋代时，蛇山上“涌月台”、“压云亭”和“南楼”、“北榭”最为著名。涌月台解放前尚存，从照片上看，方形，花岗石砌，颇似明人张维枢《黄鹤楼游记》中所记“亭空八面，类清凉界”的清凉亭。以前俗传“涌月台”三字为曹操所书，《楚记》一书曾辨此说之误，认为操败赤壁，未尝至鄂(武昌)，不应有操书。且“月涌大江流”，取自杜少陵名句，说明涌月台为唐宋后人所为。《一统志》载汉阳凤栖山曾有涌月亭，为宋代黄清老所建，石上有“涌月”二字，“涌月台”可能是后人摹刻于此而加以“台”字。另外，涌月台侧摹刻有李白所书“壮观”二字，取自李白自谓“南游云梦，览七泽之壮观，酒隐安陆，蹉跎十年”。李白原书于山东金乡县，后翻刻于济宁州城南楼。涌月台上的这两个字可能拓自前两地之一处。

蛇山上的涌月台

压云亭在蛇山东头头陀寺顶院，所镌“压云”二大字极工，为宋吴琚所书。从下面几句诗中可见当年压云亭之气势：

一带城头四望全，压云亭上更无边。

手攀北斗轻飞肉，目盼南楼仅及肩。

南楼颇有名气，始建于晋，中改为白云阁。后屡毁屡建，并多次易名。宋元祐年间鄂州知州方泽重建，复旧名。崔颢诗句：“黄鹤一去不复返，白云千载空悠悠。”白云、黄鹤相呼应，十分恰切。虽在1705年(清康熙四十四年）复建时一度易名

今日南楼

白云楼，但白云阁终成定名，一直沿袭至今，1991年在黄鹤楼东高观山顶新建的楼阁，即称白云阁。当年南楼制度宏伟，登望尤胜，其建筑制作之美，有宋代诗人黄庭坚诗为证：

江东湖北行画图，鄂州南楼天下无。

高明广深势抱合，表里江山来画阁。

雪筵披襟夏簟寒，胸吞云梦何足言。

…………

白云阁

历代诗人咏南楼之诗不少，载清陈诗《湖北旧闻录》中。

南楼被毁后，曾在原址上重建新楼名斗姥阁，内有鄂州杂诗碑，共录历代诗人诗作39首，有的为本集所未载。白云楼后有1714年（清康熙五十三年）士民所建万寿亭，为六面形，内立两座石碑，勒有蠲免钱粮谕旨和优恤老人诏旨。亭外有坊题“万寿无疆”，为封建帝王歌功颂德。今已不存。

北榭在子城之巅。从1224年（宋嘉定十七年）眉山人李某所作《鄂州重修北榭记》来看，北榭当是登临北望的好处所。附近曾有奇章亭、振衣亭，今皆不存。

为与南楼、北榭相配，有人把头陀寺称“东楼”，黄鹤楼称“西楼”，这样，东、西、南、北俱全。

在蛇山中段，阅马场与胭脂路之间，今有一山洞相通，俗称“古（鼓）楼洞”。其实那不是真正的鼓楼洞，而是清末为方便交通所开凿的武昌洞。民国初年曾堵塞一次，1927年重新修通。据说开凿此洞还有一个目的，即“出于恶风水形家之习俗，特力反之，以示破除尔”。日寇占领武汉期间，曾封其一端，用作军火库。洞上原有黎元洪手书“武昌洞”三字，在“文革”中被凿掉。清末《开通蛇山治路记》碑现保存在首义公园内。

真正的鼓楼洞应在今解放路司门口长江大桥跨线桥处。这里蛇山从前并未挖断，山上自宋元以来即有谯楼（即鼓楼），后毁。1499年（明弘治十二年）由湖广布政使徐源等商请楚王同意修复鼓楼，以使钟鼓有节，便于警众号令。继任布政使韩镐接手主持其事，三年而成。登斯楼凭栏而眺，连山大江，旷野空谷，禽鱼草树，风云月雾，凡百之形状，不出几席而尽收眼底，诚楚天之大观。故韩镐为其取名楚观楼。清乾隆年间毁于大火。湖广总督毕沅主持重修时，仍取黄庭坚诗“鄂州南楼天下无”之意改称南楼，唐代南楼已不存，故新楼上题“南楼遗胜”四字。

奥略楼与抱冰堂

蛇山上纪念历史人物的古迹有许多，最著名的有如下一些：

民国时期奥略楼

奥略楼，是晚清鄂督张之洞调北京后，其门生故吏为怀念他而在黄鹤楼故址东北修建的。原取名“风度楼”，张之洞知道后，致电鄂中，谓“此楼形势，关系全鄂，不当为一人所私”，建议改称奥略楼，取《晋书·刘弘传》“恢弘奥略，镇绥南海”之语意，并由张氏亲书匾额。其时黄鹤楼已毁，人们常将此楼视为黄鹤楼。楼前有一巨大时钟，但无机括，属装饰品，指针不能走动。有人乘船行江中，望见此钟而笑曰：“文襄以喜举新政著称于时，然所行新政，类皆虚有其表，亦有异于此钟否乎？”语见《清稗类钞·讥讽类》，文襄即张之洞。此楼1955年建设长江大桥时才拆除。楼后原有张公祠，亦系纪

蛇山奥略楼前的酒楼

蛇山抱冰堂

念张之洞。

抱冰堂，在今首义公园内，原包括十桂堂、张公祠、平台、藤棚等建筑。也是张之洞离鄂后，其门生故吏集资兴建，以为纪念，堂名取《吴越春秋》中“冬常抱冰，夏还握火”之意，颂扬张之洞刻苦自励，以成大业。

抱膝亭，亦在蛇山西头，取“抱膝长为梁父吟”之意，“梁父”暗指广东番禺人梁鼎芬，他在武汉办教育最力，深得士子尊敬。梁鼎芬从湖北按察使任上辞职离鄂后，学界捐资建此亭以为纪念。清同治年间铸造的黄鹤楼顶原安放在亭后。

太白堂，纪念李白。虽然李白过武昌见崔颢黄鹤楼诗，叹服不复作，去为金陵凤凰台赋诗，但他不止一次到此地，以后奇句得于黄鹤楼者甚多，如“故人西辞黄鹤楼，烟花三月下扬州。孤帆远影碧空尽，惟见长江天际流”，就是传诵千年的佳作。登太白堂即可缅怀李白这位唐代大诗人游历江汉的往事。还有搁笔亭，在黄鹤楼东，取李白“眼前有景道不得，崔颢题诗在上头”诗意。原建已毁，1992年重建，“搁笔亭”三字由当代著名诗人臧克家题写。

黄鹤楼公园岳武穆遗像亭

岳飞亭，建在蛇山中部山脊上，又称“岳武穆遗像亭”，中有明刻的岳飞像，系暗红色砂石线刻。南宋绍兴年间，岳飞曾驻军鄂州（今武昌）后又追封鄂王。1937 年，人们在清理已圮岳王庙时，发现了这块遗像石碑，乃移此建亭奉祀，通过纪念民族英雄岳飞激励人民抗日斗志。

陈友谅墓

陈友谅墓，在南侧山腰。陈友谅系湖北沔阳人，元末农民起义军领袖，曾自立为帝，国号大汉。1363 年（元至正二十三年）在鄱阳湖与朱元璋军决战失败，从湖口突围出长江，中箭死。部将张定边驾舟载尸还武昌，葬于此地。次年朱元璋进兵武昌时曾来祭奠，手书“人修天定”4 字于墓前。墓道牌坊正面镌“江汉先英”，背面书“三楚雄风”。传说明万历末年陈税掘古墓，至此，风沙大作，天地昏暗，雷声隆隆，掘墓者只得停工，天始光明。

（严昌洪）

后湖何处觅芳踪

汉口西北今长堤街外，原有许多湖泊、池塘、水淌，均在旧襄河（不是汉水）故道，统称后湖。因其地遍种菜麦，春来“麦苗含浅碧，菜蕊散深黄”，俗名黄花地。相传元末朱元璋进攻武昌陈理（陈友谅之子）时，曾勒马赋诗：“马渡沙头苜蓿香，片云片雨渡潇湘。东风吹醒英雄梦，不是咸阳是洛阳。”故后湖又有潇湘湖之称。

如今的后湖一带仅剩很少的水面

汉水改道之初，汉口尚未成为集市，后湖那里一片湖沼、荒草，平畴旷野，一望无垠。清嘉（庆）道（光）年间，随着汉口镇的繁盛，后湖南沿（今中山大道一带）渐渐热闹起来。客商和市民在紧张的商业活动之余，需要一块风景优美，环境幽静的地方散散心，而后湖则是较为理想的场所，试看当年自然风光：

淤后襄河二百年，平芜十里望无边。
白云有影常垂地，青草无依欲上天。

人们看中这块地方以后，茶肆酒帘列置上下，亭馆歌台遍布湖边，或筑小径，间植花柳，湖光野色，点缀可观，豪竹哀丝，夜分不断。士女出游，常乐而忘返，彻夜达旦而归。旅汉江浙商人群夸为“吴兴之水晶宫，包山之销夏湾”。暮春踏青，盛夏避暑，诗人雅集，朋僚设宴，诚一时盛况。时人将后湖风光归结为潇湘湖八景，计有：晴野黄花、平原积雪、麦垄摇风、菊屏映月、疏柳晓烟、断霞归马、襄河帆影、茶社歌声。

说起后湖茶社，相传自湖心亭始，后有涌金泉、第五泉、翠芗、惠芳、习习亭、丽春轩等，皆在下路(今满春路以下)。一般茶社无楼，惟涌金泉小楼重阁，白石红栏，登楼四眺，远山近水，尽入图画。叶调元《汉口竹枝词》云:“要吃清茶兼望远，楼高须上涌金泉。”第五泉亦很有名气，同人每于此联诗会，“高朋半是无双士，胜地重来第五泉”。上路(观音阁一带)以白楼为最著。白楼位于观音阁后，编槿为篱，积石成径，小楼轩窗豁达，楼外远山隐隐。范锴《汉口丛谈》认为凭眺之胜，以斯楼为第一。他曾有句云:“杨柳四围遮不住，看山都上白家楼。”湖水涨时，诸茶肆皆淹没，惟白楼与涌金泉得以接待游客休息啜茗。

萧继石绘汉口茶馆(题字中有“汉口后湖几十家茶馆”)

有些茶馆早晨开门到深夜才打烊，以女唱(丝弦)和局班(屠户、菜佣聚集而唱)招徕游客，所谓“粗茶莫怪人争嗑，半是丝弦半局班”。如果要听丝弦怕熟人，地方僻静的茶坊有早逢春。而望湖泉由于有歌伎陈简姑在，茶客们往往“为恋清歌不散场”。据说简姑修眉广额，姿色清疏，所唱小曲韵叶筝琶，声迟以媚，而所唱乱弹，神完气足，有金石声，无脂粉气，人称“歌院魁杰”。

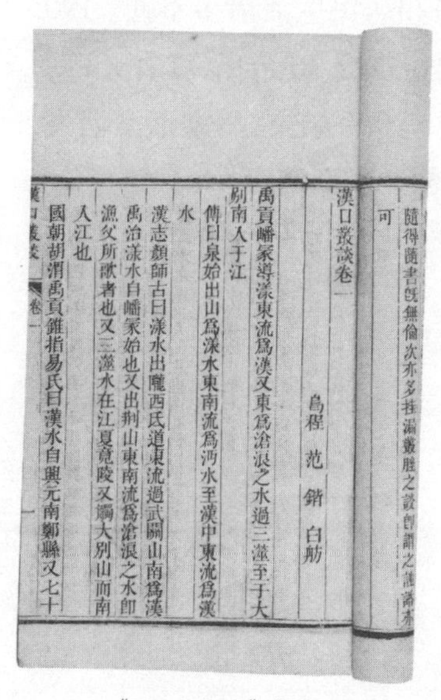

隨得隨書旣無倫次亦多挂漏叢脞之談即謂之讕語亦
可

漢口叢談卷一

烏程 范鍇 白舫

禹貢嶓冢導漾東流爲漢又東爲滄浪之水過三澨至于大
別南入于江
傳曰泉始出山爲漾水東南流爲沔水至漢中東流爲漢
水
漢志顏師古曰漾水出隴西氐道東流過武關山南爲漢
禹治漾水自嶓冢始也又出荆山東南流爲滄浪之水即
漁父所歌者也又三澨水在江夏竟陵又觸大別山而南
入江也
國朝胡渭禹貢錐指易氏曰漢水自興元南鄭縣又七十

漢口叢談 卷一 一

《汉口丛谈》书影

汉口教坊歌舞亦以后湖一带为多，当时邑人熊坍(梦华)有《后湖》诗记其盛:

一镇销金窟，风流奈尔何。
路随芳草远，人向夕阳多。
曲榭沉丝竹，轻衫斗绮罗。
那堪追往事，独访废襄河。

由于后湖的繁荣，附近的寺庙也游人

如织。当时燕聚雅游之地莫如宝林庵和天都庵，前者宜宴叙，后者则专供清赏。所谓“景览天都客似云，宝林筵宴日纷纷”，“半为烧香半游戏，天都庵与宝林庵”。

后湖风景，当以看新绿为第一。故上巳前后，清明时节，去后湖踏青的游人特别多。孩童则趁时飞放风筝，鹞子、蜈蚣漫天飞舞，引得游人争看：

二三月内喜天晴，草色青青画不成。
一碗粗茶嗑瓜子，布棚厂下看风筝。

后湖百戏杂陈，也是吸引游客的原因之一。有搭芦棚演梁山调者，有纱幔轻遮演木偶戏者，有唱道情、变戏法的，有玩杂耍的（走索、蹬坛、打拳之类），还有“猴子狗熊玩棍棒，雀儿老鼠打秋千”的“奇观”。白鼠为后湖特产，其表演很逗人喜爱。当时在汉口商业化风尚的影响下，时俗对妇女游玩持一种宽容的态度，故后湖常有妇女结伴闲步，倦即歇坐茶寮，唤烟呼茗，不以为嫌。

到了近代，汉口开埠，中外互市，市区扩大。1864 年（清同治三年），为防堵捻军，又在后湖筑堡，建造硚口至沙包城墙 11 里。后来市区游乐场所增加，后湖渐渐冷落。加之湖滨地带地势低洼，傍依铁路，邻近租界，春夏汛期，浸涝成灾，致使市区交通、生产、贸易和居民生活诸多不便。1905 年（光绪三十一年）湖广总督张之洞在后湖北边筑堤 30 余里，堤外开辟引河，上通汉水，下达滠口，以排湖水，涸出可耕地 9 万余亩。后湖渐渐消失，其芳踪无处寻觅，如今仅留下后湖乡地名和若干小湖塘。

（严昌洪）

三国遗迹巡礼

东汉末年，魏、蜀、吴三分天下，鼎足而立，武汉地区由于地理位置的重要，曾为曹、刘、孙争夺的焦点，先有刘备、孙权联合抗曹的赤壁之战，后有孙、刘两家对荆州的争夺。因此，武汉有许多三国时代的遗迹和传说。

东湖磨山刘备郊天坛

武昌东湖的刘备郊天台、白马洲对岸雁嘴的吴主庙、周家岭的曹操庙、伏虎山麓卓刀泉等在东湖篇中已作介绍，此不赘。

关于诸葛亮，在原汉阳县黄陵矶东楮山下，有残存城垣，相传诸葛亮曾屯兵城中，故称诸葛城。武昌黄鹄矶胜象宝塔又称孔明灯，是因为有诸葛亮曾在山头点灯为关羽水军照路的传说。关羽驻军汉阳时，常在长江边洗刷他心爱的战马——赤兔马，今长江大桥汉阳桥头北至禹功矶处，被称为洗马口，旁边原立一根石柱，称系马桩。明代汉阳教谕赵弼有诗赞洗马口曰：

战罢沙场洗铁骢，虎臣威已震江东。

至今水映晴霞赤，似染龙媒汗血红。

一说在禹功矶还有一洗马洞，与洗马口是“同时并著之迹”。本一石厦，明万历年间，知县陈尧卿凿为观音崖，旁建水月庵，旧有一碑，勒“振衣岗”三字。龟山左侧又有岩穴，称藏马洞，相传关羽尝牵马休息于此，也称关羽洞。

鲁肃为东吴名臣，传其赤壁之战后骑马过东湖小洲，马陷泥中而死，今此洲仍称白马洲，洲上有鲁肃马冢。鲁肃自身的坟冢则在岳阳，汉阳人为纪念他，在凤凰山西北坡筑有鲁肃衣冠冢，1955 年已迁龟山。另龟山西

鲁肃墓

麓南傍县城曾建有鲁肃祠，今已无存。

江夏区有将军山与乌龙泉，山上摩崖除了“将军山”三个大字外，还有“文武全才世所无，将军辅国倒三吴”的诗句，纪念蜀汉大将严颜，因为他曾在此驻扎，抵御吴兵，并骑着乌龙驹找到一潭清泉，解决了农民和山上士兵的饮水难问题。

汉阳县军山镇附近有两座山，一大一小，称为大、小军山，吴魏相战，曾陈兵两山间，当系一古战场，明嘉靖《汉阳府志》云：“故老相传：元时，风雨阴晦之夕，闻金鼓噉战之声，盖当时将卒阴灵之气也。”赵弼题诗曰：

二雄角立互相吞，炎祚衰微万马奔。
夜半山前风雨恶，阴魂犹自怨曹孙。

大小军山附近的纱帽山原名百人山，相传黄盖曾率兵百人在此诈降曹操，而黄盖屯军之地在今武昌白沙洲一带的船官浦，故此处后称黄军浦。

在禹功矶与龟山头之间有一关隘，是汉阳城东北唯一通道。吴魏相争时，吴军设关于此。明推官杨枢题联云：

汉门日抱鼋鼍窟，
大别天开虎豹关。

因其左倚大别山，右控禹功矶，雄峻险固，易守难攻，故名铁门。明隆庆年间毁于火，旋修，上有关帝祠，题“天地正气”四字，后倾圮，由关羽52代孙关朝汉重建，1852年(咸丰二年)毁于战火，1864年(同治三年)重修。今复建之铁门关，气势雄伟，更胜从前。

在龟山头北侧，原有锁穴，即固定锁链的洞穴。《晋书·王濬传》云：“晋伐吴，吴人于碛险要害处以铁锁横截之”，今山阴四石穴尚存。

汉阳铁门关

汉阳赤壁，旧传即赤壁大战之处，不可信，故不录。而江夏赤壁作为赤壁之战的战场倒有几分根据。江夏赤壁即今武昌县金口的赤矶山。《水经注》云："江水左迳百人山（今纱帽山）南，右迳赤壁山（今赤矶山）北，昔周瑜与黄盖诈魏武大军处也。"然而《清一统志》谓，"赤矶亦名赤圻，一名赤壁。非周瑜破曹操处也。"总之，说是也有，说否也有，即便是蒲圻赤壁，是否为赤壁之战战场，至今也仍争论不休，因此，劝君莫道"江夏赤壁事已陈，黄州（或蒲圻）赤壁天下闻"。赤壁之战古战场究在何处，还得靠科学的态度，搜集充分的证据，进行潜心的研究，方能得出正确的结论。

（严昌洪）

楚望台与楚王陵

在武昌城东南梅亭山上旧有封建亭，因纪念朱桢封王而建。朱元璋在元末攻打陈友谅之子陈理，曾驻扎梅亭山。陈理投降时，朱元璋正好得到皇六子出生的报告，当时非常高兴地说：“他日以此子为楚王。”1370年（洪武三年）正式分封时，朱元璋似乎把自己说过的话忘记了，封朱桢为齐王。然而铸造宝玺时三次都没有成功，他这才记起来，说：“朕昔驻梅亭有言，其王楚乎？”乃改封朱桢为楚王，宝玺这次一铸而成。同年，在江夏（今武昌）高观山（今蛇山）南麓，南至大朝街（今复兴路）、东至阅马场，西至长街（今解放路）一带地方，兴建楚王府，“宫广二里，袤倍之，瓦石为城”。王府内遍筑宫殿楼阁，十分豪华。

复建在首义碑林的封建亭

王府正门称“镇楚门”，在今人民医院门诊部一带，那里从前称王府口。1379年竣工，1381年朱桢来武昌就藩，在梅亭山上建封建亭和楚望台，后者为楚王登台遥望南京，表达对父母思念之情的地方。

今日楚望台

九代楚王除华奎外，死后均葬于武昌龙泉山。

龙泉山原名江夏山，汉舞阳侯樊哙葬于此地天马峰下。汉朱桃仙善堪舆之法，为寻龙脉到此，见两岸如门环，以峰锷二巨石似狮兽状，见一股泉水在盘阿之内，“大旱不涸，阴则云雾覆其上”，“色碧味甘”，乃赞曰：“此灵泉也，不可凿，凿之，则雷雨至矣。”唐代宰相李磎作《灵泉记》，称：“泉以灵名，非有蛟龙之与处而后为灵也，以山能兴云雨，致风云而始为灵耳。”此后江夏山改名为灵泉山，后又演变为龙泉山。历代多有名人葬于此地。楚昭王朱桢生前常游灵泉山，对那里的风光景物十分赞赏，感叹道：“惜乃阳宅，若为阴宅极佳。”晚年派人为自己寻找牛眠吉壤，经堪舆家测定，以天马峰下的夹谷地带为“仙壤”，乃决定辟为陵园。但那里已有樊哙墓，怎么办？只有把他赶走。楚王府的人制造了一块石碑，上书“此处本是楚王地，借与樊侯五百年”，埋在樊哙墓附近，后当众挖出了石碑，大肆宣扬天意，然后把樊哙墓迁葬于山南一侧，就这样达到了霸占墓地的目的。自昭王以下共 8 代楚王及 24 位王妃均葬于此地，形成了规模巨大的楚王陵园。此乃是“昭王赶樊侯，灵泉变楚陵”的一段故事。

江夏龙泉山楚王陵

明楚昭王画像

（严昌洪）

汉阳古代十景

从前名胜之地多用四言句列称其景物为“八景”，究其来源，多仿自宋代宋迪所绘山水八景：平沙雁落、远浦帆归、山市晴岚、江天暮雪、洞庭秋月、潇湘夜雨、烟寺晚钟、渔村落照。

历史上武汉有却月湖（即汉阳月湖）八景：古洞仙踪、板桥花影、僧楼钟韵、宵市灯光、柳映长堤、荷风曲溆、琴台残月、梵寺朝晖。

又有潇湘湖（即汉口后湖）八景：晴野黄花、平原积雪、麦陇摇风、菊屏映月、疏柳晓烟、断霞归马、襄河帆影、茶社歌声。

明、清两代各县编修县志，也必凑足八景或十景，以示本县亦为名胜之区。明嘉靖《汉阳府志》也循例列出了“汉阳十景”，并请知府王静一一题诗以为传扬。从十景命名和王静题诗中我们可以领略到明代汉阳的优美风光和太平景象。“汉阳十景”多系千古名胜，它们是：

大别晚翠：王静原诗：

> 崒嵂层峦千仞青，雨余云气霭山屏。
> 松杉蓊郁知林茂，人物魁奇识地灵。
> 夜静矶头龙脱骨，日长渡口鹤梳翎。
> 遥听禹庙钟声震，芦苇萧萧月满汀。

此诗大意是：小雨过后，傍晚时分，高耸的龟山翠绿，禹功矶头一片宁静，月光照着满汀的芦苇，远处传来禹王庙的钟声。

江汉朝宗：王静原诗：

> 岷江汉水合重流，远接长天领素秋。
> 滚滚烟波归大海，滔滔雪浪浸芳洲。
> 鱼吹萍靥通京口，鸥荡芦花过岸头。
> 飞鹭落霞吟趣外，云帆来往送行舟。

此诗大意是：长江和汉水合流，滔滔雪浪拍打着芳洲，滚滚波涛东归大海，云帆往来迎送万里行舟。

汉阳古十景之一——“江汉朝宗”今日景象

禹祠古柏：王静原诗：

禹庙丹青是几年，临阶老柏翠参天。
长柯偃蹇霜前劲，密叶阴森雪后坚。
疏凿襄陵除大浸，奠安黎庶得安全。
巍巍圣德垂千古，仰止光风夜月前。

此诗大意是：禹王庙里，古柏参天，干粗叶密，不畏霜雪，它是大禹治水的历史见证，禹祠是对大禹的永久纪念。

官湖月夜：王静原诗：

郎官湖上夜如何？鹤渚凫汀曳屣过。
碧汉无声云气散，银蟾有影月明多。
漫疑古寺闻钟韵，闲倚长筇听棹歌。
为问广寒天远近，水晶宫里见嫦娥。

此诗大意是：郎官湖上，鹤鸣凫浮，万里长空，明月高悬。漫步湖边，凉风拂袖，远处遥闻寺钟，近处谛听渔讴。请问广寒宫是远是近，为何嫦娥也在水晶宫？

金沙落雁：王静原诗：

菰米初齐晚稻香，几行征雁下潇湘。

霜清鄂渚烟光淡，月满金沙霁色凉。
杜若吐花香馥郁，蒹葭飞絮影苍茫。
五湖信是无矰缴，渔火频惊夜正长。

此诗大意是：深秋的傍晚，伫立大江之畔，田野里晚稻散着幽香，江上渔火闪着微光。大江彼岸，几缕清烟飘忽，金沙洲上，数行征雁起降。

凤山秋兴：王静原诗：

梧桐摇落早霜清，掩映峰峦纪旧名。
佩振风前黄鹤唳，笙吹月下彩鸾鸣。
青松谷口寒烟合，红叶山头晚照明。
纵使元晖能水墨，白云拥处画难成。

此诗大意是：清晨秋霜洒落在梧桐树上，峰峦掩映中仍记着"秋兴亭"的旧名。置身山中，可听风前鹤唳，月下鸾鸣。傍晚时分，可赏寒烟青松，晚霞红叶。纵然太阳的初晖能够用笔描绘，但白云簇拥处也难画成。

晴川夕照：王静题此景之诗犹如一幅生动的水墨画，颇得自然情趣：

汉阳古十景之一——"晴川夕照"今日景象

历历晴川晚眺时，斜晖映树转霏微。
冲开薄雾鸦群散，写破长空雁字稀。
尘扑马头词客过，笛吹牛背牧童归。
太平景象春风里，处处和薰万物熙。

另外三景，也都是诗情画意般的景致、历代传诵的名胜。

鹦鹉渔歌：王静题诗：

黄祖猖狂负祢衡，赋题鹦鹉擅才名。
芳洲有土埋遗骨，流水无情洗怨声。
厌听渔翁歌满耳，每怜词客重伤情。
信知老丑难容物，惆怅西风百感生。

鹤楼晴眺：王静题诗：

危楼百尺倚高寒，吟啸闲凭六曲阑。
风扶飞云腾玉马，烟横叠嶂舞青鸾。
苍苍远树飞红叶，滚滚长江卷翠澜。
一自吕仙飞佩去，壁间画鹤已凋残。

汉阳古十景之一——“鹤楼晴眺”今日景象

平塘古渡：王静题诗：

沧洲流水带平塘，问涉曾须一苇航。

鱼蹴浪花冲棹跃，雁拖云影入空翔。

高林橘柚珠垂绿，曲岸蒹葭叶正黄。

最爱碧塘千古月，几回送我过潇湘。

解放前曾任汉阳县县长的杨干先生，根据父老告知和笔记所载，写出了这样十景：龟山洞府、铁锁沉江、晴川晚眺、鹦鹉早春、荷池香满、月湖莲舟、琴台怀古、祢墓悲秋、归元暮鼓、栖贤晨钟。他认为马沧湖边还有二景：断桥垂柳、斜阳晚渡。看来，所谓八景、十景，都是自然的客观存在与人们的主观想象相结合的产物。不信，诸位还可找到新时代的八景、十景。

（严昌洪）

古时黄陂十景

清同治《黄陂县志》著录有黄陂十景：

黄陂双凤亭

鲁台望道（一作鲁台双凤）：鲁台山上有二程（程颢、程颐）筑台望鲁，缅怀孔圣的遗址，后人又建双凤亭于其上，是纪念二程的古迹。

克寨屯军：克敌军寨在县城北5里处，相传前代筑以御寇。

武湖烟涨：黄陂县境东南的武湖，相传为东汉江夏太守黄祖练武习射之处，湖面因日照受热，蒸发成雾气，在黄昏或清晨形成烟雾溟蒙的景象，时人称为“烟涨”或“烟瘴”。这烟雾给武湖披上一层神秘面纱，放舟湖中，飘飘然有羽化登仙之感。

黄陂古十景之一——“武湖烟涨”今日景象

滠水冬温：滠水自北向南，纵贯黄陂全境，至五通口与谌家矶之间注入长江。此河水据说冬暖夏凉，甚是奇异。

板桥人迹：在黄陂县治西郊外有石板桥一座，1223年（宋嘉定十六年）建，明永乐间重修。相传仙人曾经此桥，石上留有仙人足迹。此景之名改为“板桥仙迹”或者更恰当些。

钓台夜月：县治东北5里，有磐石临河，世传宋代隐士曾钓鱼于此。

西寺晓钟：县西木兰寺一名西寺，唐贞观年间建，明洪武年间重修，为从前朝贺习仪之所，其晓钟清脆，回荡晨空，山村田野，一片静谧景象。

木兰耸翠：此为黄陂县第一胜景。县北60里的木兰山为荆楚名岳之一，不仅以木兰将军的家乡闻名于世，而且以自然景观和道教圣地吸引各地游人香客。

黄陂古十景之一——“木兰耸翠”今日景象

甘露呈祥：县东10里的甘露山，因世传陈武帝时曾降甘露而得名。山下有甘露寺，1567年（明隆庆元年）重建，内祀二程及诸学者。

铁锁龙潭：在黄陂城内旧县署西百步外，有一潭，中有一墩，上立两根石柱，各高丈余，明成化年间被风吹折一根，所存一根不知仍在否。以前传说古萧寺有一条泥龙，阴雨天或潜或现，寺中僧侣非常害怕，恐其兴风作浪，便以锁系龙。一天晚上，风雨大作，泥龙腾空而去，后渔人在潭中捕鱼，网得长锁。萧寺不知何代所废，而潭则被称为铁锁龙潭。为黄陂十景之一。万历年间县令胡仲澜在潭上建文昌祠，久废。到1871年（清同治

黄陂古十景之一——“铁锁龙潭”今日景象

十年)重建文昌宫,复修正殿一重,中祀历代帝君先贤。东侧有放生池,由放生公所管理。1909年(宣统元年)进步人士打破女禁,创办了黄陂第一所女子学校——木兰女校。当时封建传统观念毕竟根深蒂固,主事者虽冲破阻力,创办了女校,却顾虑重重,仍把女子视为必加防范的洪水,把校址设在铁锁龙潭的中心处,原藏经阁的旧址上,而且四周筑起篱笆围墙,只开一门进出,几乎与世隔绝。

(严昌洪)

中国名城掌故丛书

◎武汉掌故

Wuhan Zhanggu

名胜探幽

黄鹤的传说与黄鹤楼

唐代诗人崔颢有诗写黄鹤楼云：

昔人已乘黄鹤去，此地空余黄鹤楼，
黄鹤一去不复返，白云千载空悠悠……

诗中所谓乘黄鹤去的“昔人”是古代仙人，关于他还有一个非常有趣的民间故事。

清同治七年的黄鹤楼

《报恩录》一书上说：黄鹤楼原名辛氏楼。辛氏在山头卖酒，有一位道士常常来喝酒，辛氏并不向他索酒钱。道士后来要离开此地，临别时用桔皮在辛氏酒家的墙壁上画了一只鹤，并对主人说：“有客来了，你就拍手，鹤会飞舞侑酒的。”此后辛氏酒家生意兴隆，逐渐富裕起来。过了10年，那位道士又来了，拿出他所佩戴的铁笛吹了数声，一会儿，白云自空中飞来，鹤亦从墙上飞下来舞蹈一番，然后道士乘鹤而去。辛氏便在道士跨鹤升天的地方建了辛氏楼。因桔皮画的鹤呈黄色，后人就把辛氏楼称为黄鹤楼。黄鹤的故事为黄鹤楼增添了神秘的色彩，为历代诗人吟咏黄鹤楼提供了灵感之源。

鹤类确能随音乐起舞，这并非神话，而是其本能使然。鹤的这一特性早为人们发现。先秦《韩非子》载：“师旷援琴一奏，有玄鹤二八来集，再奏而列，三奏延颈而鸣，舒翼而舞。”而汉代马融作《长笛赋》，更直接说到长笛一吹，能“仰驷马而舞玄鹤”。至于跨鹤成仙则带有几分道家情调和神话色彩。

乘鹤而去的仙人是谁，在民间传说和史籍记载中往往所指不同。《列仙全传》卷9记载了一个与《报恩录》相同的故事，但点明仙人是费袆(字文伟)。《南齐书·州郡志》亦云“仙人子安乘黄鹄过此上也”。《太平寰宇记》卷112也说：“黄鹤楼在县西二百八十步。昔者费袆登仙，每乘黄鹤于此憩驾，故号为黄鹤楼。”其实，费袆为三国蜀将，并无关于他成仙的传说。倒是东汉的费长房有骑竹缩地之术，颇有点仙家味道，不知是否古人张冠李戴了。南朝梁代的任昉作《述异记》不同意前说，他认为“驾鹤之宾，乃荀叔伟而非费文伟”。明清以来易费而吕，乘鹤而去的仙人又变成了时代稍后的吕洞宾。清褚人获《坚瓠八集》卷4云：

吕洞宾跨鹤飞升图

相传唐时吕纯阳尝客兹地，侨寓酒家，日饮数壶，累至数百不偿值。复索饮，主人供给无倦色。纯阳喜之。适啖西瓜，遂以瓜皮画一鹤于壁上，始色瓜皮青，久之变黄，遂为黄鹤。纯阳又教酒家童子唱道词，自鼓板为节。已而唱时，鹤辄从壁间飞下，婆娑翔舞，观玩饮酒者日数千人。凡阅数月，酒家得钱数百万，骤富，以钱酬纯阳，纯阳不受。遂构此楼志感，故名黄鹤楼。

其实，这都是一种传说，一种附会。世上绝没有画鹤起舞，乘鹤登仙的事。这些故事，无非是教育人们知恩而后图报，聚财适可而止。最早的黄鹤楼似与黄鹤无涉，《元和郡县志》记载：“吴黄武二年(223年)城江夏山以安屯戍，其城西临大江，西南角因矶为楼，故名黄鹤楼。”盖最初当为守军瞭望楼，因建在黄鹄矶上，原名似应为“黄鹄楼”，后来转为黄鹤楼。

(严昌洪)

石榴花塔

看过戏曲《窦娥冤》的读者，一定还记得剧中情节：孝妇窦娥被诬陷杀人，为了不累及婆婆，屈打成招，判成死罪。临刑前她指天发誓，若刀过处头落，一腔热血飞溅白练，三伏天道三尺暴雪，楚州大地亢旱三年，则证明自己实属冤枉。窦娥死后，三件誓愿果都应验。

武汉地区也有一个类似的故事，它不仅载入官方正史，而且还以立塔勒碑的形式在民间广为流传。

在钟家村闹市附近，有座充满江南园林风韵的公园——汉阳公园。进园朝里走，到文汇堂折向左手，行100米左右，便可在公园西侧围墙边看见高台上红绿相映的石榴丛中，有小巧玲珑的古塔一座。塔身呈六角形，周围可三人合抱；连底座共3层，通高仅3米余。全部用石砌成，正面镌有“石榴花塔”4个大字。如果沿高台拾级而上，走到塔前详览碑文，则可了解发生在南宋绍兴年间（1131—1162年）那个窦娥冤式的故事。

汉阳公园里的石榴花塔

当时在汉阳军（宋代行政区划名，相当于府）有一位孝妇，杀鸡奉养婆婆，婆婆吃鸡后暴死。小姑一口咬定是嫂子投毒谋害，控诉于官。昏官不辨真假，用重刑逼供信，孝妇屈打成招，被判死罪，无以自明，临刑前折石榴花一枝，插于石缝，仰天祝祷说：“如若真是我毒死婆婆，此枝即枯。若是冤枉，此枝将复生。”妇死后，石榴枝果然复活，秀茂成荫，并结果实。汉阳人认为此乃天彰其冤，哀孝妇无辜受难，因立石塔于石榴花侧，以表其事。

此事最早见于记载是在《宋史·五行志》上，其文曰：

绍兴间汉阳军有插榴枝于石罅，秀茂成荫，岁有花实者。初，郡狱有诬服孝妇杀姑，妇不能自明，属行刑者插髻上花于石隙，曰："生则可以验吾冤。"行刑者如其言，后果生。

这一简单的记载被人附会，生发开来，增加了妇杀鸡奉婆母，小姑控于官府，有司严刑逼供等情节，反映了人们的思想情绪。既为孝妇，必有孝行，杀鸡敬婆母乃民间认为是媳妇孝行之一。民间传说中小姑形象往往不佳，姑嫂间常存芥蒂，小姑对于嫂子，不是撒泼刁难，就是搬弄是非。于是故事里出现了诬嫂杀母的小姑；封建时代，官府黑暗，吏治腐败，滥施刑罚，草菅人命，人民对贪官、昏官十分痛恨，官方正史不愿言明的情节，民间自有公论。石榴性喜温暖湿润，用扦插、压条、分株、嫁接等方法均可繁殖。石榴枝插入有泥土的石缝，完全可以成活。故石榴枝复生之事并非纯属迷信或无稽之谈。但在故事中，这种自然现象却寄托着人们对冤案受害者的同情与不平。明刑部侍郎吴廷用所题《石榴花塔》诗就反映了人们的这种态度，其诗云：

石榴花塔存遗址，谁识当年孝妇情。
自谓杀鸡堪奉膳，岂期遗毒陷污名。
折技再树明冤屈，累壁成基志不平。
寄与操持三尺者，须知疑谳缓行刑。

从《宋史》上并未记石榴花塔来看，此塔最先可能建于元末明初。原塔在汉阳西门外1里处，因年代久远，塔圮碑毁。1522年（明嘉靖元年）主事黄一道奉敕董储汉阳，主管筹粮事。他听了御史朱衣的介绍，认为此事不可不传，乃于原地重新立碑，新撰碑文以记其事。原来石碑湮没，直到1777年（清乾隆四十二年）汉阳知县王少林才又从民间菜园访得，于是重新修塔立碑。咸丰年间毁于兵燹，1863年（同治二年）汉阳知府周乐重建石塔。不久又毁。1918年汉阳阖邑绅商集资重建于添福巷12号对面。现在所见碑文即为当时所刻。1964年移入汉阳公园现址，成为园中一景。1983年被列为武汉市文物保护单位。

（严昌洪）

九女墩

在东湖风景区，从梨园附近的渔光村向北走约1里,有一座小山冈。冈上矗立着一座高大的花岗石纪念碑,碑的正面上部“九女墩”三个大字赫然醒目,下部镌刻有董必武撰写的《九女墩记》。其他三面刻有宋庆龄、何香凝、郭沫若、张难先等人的题词或题诗。碑后一座半圆形的坟墓，即为太平军9位女战士的埋骨处。据说1855年(清咸丰五年)太平军再度攻占武昌城时,有9位妇女参加了起义军。翌年,武昌失陷,这9名女战士在清军的围剿追堵中,英勇战斗,宁死不屈,壮烈牺牲在东湖岸边。当地乡民将她们合葬在小山冈上,为避免清军的破坏、摧残,不以坟名，而称之为“墩”。正是:

九女墩纪念碑

湖光山色各悠悠,共伴块然土一丘,

群众最怜英烈女,口碑传出足千秋。

解放后,人民政府出资培修了陵墓,建立了纪念碑,让后人永远纪念这9位无名女英雄。董必武撰文,张难先书写的碑文全文如下:

九女墩碑记

九女墩在武昌东湖边上。地方人传说太平军夺取武昌,军中有获得解放了的妇女参加工作。清军攻陷武昌后大肆屠杀,有革命女志士九人遇害,乡人敬慕她们的义烈,把她们的尸葬在这里,本应称坟,因避清廷迫害,故改称墩。太平天国革命,是我国近代农民起义历史中一次最大规模的革命运动,代表了

张难先像

当时进步思想，如反对满清贪污腐化黑暗凶暴的专制皇朝；反对地主垄断土地，确立天朝田亩制；主张男女平权等等，都是当时广大人民所迫切要求的。这一革命运动虽被汉奸地主和外国的武装所扼杀，但他推动了中国社会前进。

九女烈士是死在武昌争夺战中，她们的姓名已湮没了。清军三次自太平军手中夺去了武昌，九女烈士死难在哪一次，年月也无从查考了。从九女墩传说至今这一事实来看，证明太平军的号召是很得人心的；证明解放了的妇女确已参加了革命运动；同时也证明我国人民解放运动和妇女解放运动是不可分的。而我国妇女在和人民一道争取解放中牺牲很大，人民对为革命牺牲生命的妇女，将和纪念其他为革命而牺牲生命的烈士一样，永远纪念着她们。

现在，我国人民在中国共产党和毛主席领导下，建立起中华人民共和国。三年来人民政府所实行的政策和获得的成绩，不仅为太平天国所蕲求达到的境界，奠定了真实的基础，而且有些远远地越过了它。这是根据马列主义，扬弃了我国革命诸前辈，包括太平革命前辈在内，理论和实践的结果。九女墩作为我国人民自求解放，特别是我国妇女自求解放的一道里程碑，是有历史意义的，是对东湖、珞珈山增加光彩不少的。武昌东湖风景区管理处应乡人请，立碑于墩前，属我为记。

一九五二年十二月董必武记于北京　张难先书

（严昌洪）

武汉四大佛教丛林

归元寺

1949 年归元寺全景

归元禅寺坐落于汉阳旧城西 5 里，即今汉阳区翠微街横路 5 号。始建于 1658 年(清顺治十五年)，由白光和尚与其胞弟立峰和尚主持经营，他二人遂为归元寺之开山祖。二位法师俗姓殷，浙江吴兴人。相传白光祖师殷德明于明崇祯年间，任汉阳知府，有感于明末战乱，百姓流离失所，遂回老家，于龙华寺剃发为僧，由他的师父慧峰和尚取法名白光。白光在清朝初年云游汉上，先在汉口十方庵挂单为行脚僧，后又入汉阳太平兴国寺阅藏，见经卷散乱破损，化缘 3 年修藏。时人以此相推崇。法师又善华佗之术，为贫苦百姓施药送药。他目睹战乱频仍，灾疫横行，饿殍当道，乃于 1658 年先建普同塔院收殓白骨。汉上巨贾孙耀先等嘉其善道而捐巨款筹建梵宇，意在弘扬佛教。先购得原为明末文人王章甫所有之葵园为道场，然后鸠工庀材，经营栋宇。1660 年建佛堂、禅堂，开始接众行道。翌年修大雄宝殿、斋堂。1662 年(康熙元年)增其旧制，建祖堂、韦驮殿与方丈室。直到 1674 年，藏经阁、钟鼓楼、云水堂、内外寮舍、三祖塔院及大三门方始落成。前后规治 16 年，苦心经营，归元禅寺粗具丛林规模。白光、立峰祖师从《楞严经》中文殊法师偈语"归元性无二，方便有多门"中取"归元"为其寺名。1843 年(道光二十三年)汉镇巨贾李祥兴捐款助建罗汉堂。聘黄陂王姓父子塑罗汉 500 尊。1852 年(咸丰二年)

归元寺毁于兵燹。清同光年间又重建。其后屡圮屡复,殿宇不断增大。辛亥首义时,义军曾以归元寺为指挥之所,故遭清军炮击。民国年间又募化重建并扩建。黎元洪亲题“归元禅寺”、“归元古刹”、“三乘广运”匾额,使归元禅寺声名日隆,成为鄂省之首刹。迨至解放前夕,归元寺已日渐毁圮。建国后,人民政府多次拨巨款重修禅寺,使其焕然一新,并被国务院列为全国重点寺院之一,使之成为中原三省之首刹。

今日归元寺

归元寺殿宇宏敞、古朴幽深,处闹市之中独得其妙境,其规制、风格、装饰和结构亦有独到之处。大凡寺庙之名,均为横匾书,悬嵌于三门之上。归元寺名却为直匾直书。这是因为清代朝廷明文规定,只有皇帝敕赐玉玺的寺庙匾额允许直书。而该寺于道光年间曾获此殊荣,遂将横书改为直书,从此归元寺在佛教丛林中的地位提高了。至于寺院建筑格局也与他寺迥异。大三门不逢中,却开在偏北处,而且望东向北。进三门便是前院。前院置大放生池。石栏护之。放生池两头有钟、鼓楼。前院可通三个去处,即南进韦驮殿通大雄宝殿;东去“翠微妙境”进藏经阁;南到“法相庄严”至罗汉堂。

韦驮殿正门在右首,而且方向朝东偏南,与大雄宝殿隔一丹墀。韦驮面如来而立,这乃是常制。而弥勒置于韦驮右侧对面而朝殿门,倒不多见。

这里不设四大天王佛龛，更属少见。韦驮佛像是用一直径 1.3 尺之柏木雕成。韦驮手持的降魔杵毁于“文革”，现所见之降魔杵乃今人之作，九龙腾挪，神韵不减旧杵，韦驮盔甲铠袍，神态威猛勇悍，活脱护法天神形象。据民间流传的故事说，一日，某僧嗜酒违犯寺规，携酒入寺，过韦驮殿，见韦驮怒目圆睁，不禁心惊肉跳，酒钵坠地，以此惊动监院。监院斥他道：“韦驮护法，惩治业障！”传说故事表达了韦驮神像之逼真传神。“文革”以前，韦驮神像前设有抽签卜卦的器具，因传灵验异常，故收入颇丰，有人称韦驮殿为聚宝盆。但由于这种活动既与禅宗教义有悖，又被视为迷信活动，所以将其撤去。目前韦驮殿仅设功德箱，所收功德钱亦能负担全寺开支的三成。

大雄宝殿是一砖木结构歇山式大型殿宇，高约 20 米，殿中供释迦牟尼神像，佛祖趺坐莲台，两旁立阿难、迦叶塑像。坐像高约 1.6 丈，佛光灿烂，慈祥庄严。大雄宝殿为庙中佛事活动场所，大凡和尚早晚功课，以及佛教庆典、法会、传戒、放焰口均聚于此。

罗汉堂位于归元寺之南院，占地约 3500 平方米。据说全国有五百罗汉的寺庙仅存 5 个。而归元寺之五百罗汉以其巧妙的田字型布局，使得罗汉堂内的通风和采光得到科学的解决，尤其以五百罗汉的造型著称于世，堪称绝世之珍。五百罗汉造型优美，或卧或坐，或颦或笑，无不栩栩如生。据说罗汉塑像是采取的脱塑工艺，质地坚而重量轻，不怕水浸。1954 年洪水泛滥，归元寺一片泽国，众罗汉漂浮在水中，洪水退后，一尊尊罗汉依然完好如初。民间盛传可卜人之凶吉祸福，故罗汉堂游人如织。

藏经阁是归元寺收藏佛教经典和珍贵文物的处所。计藏有《龙藏》、《续藏》、《碛砂藏》、《频迦藏》，可谓洋洋大观。珍贵文物如贝叶真经、北魏石雕、古瓷器、宋代乾德年间的陶瓷香炉等。据 20 世纪 50 年代整理的书画真迹手卷清册载，计有宋元明清民国 5 代 418 件书画作品。作者上至皇帝，下至各界名流。今之藏经阁建于 1920 年，为唐牌楼式建筑，斗拱飞檐，古朴雄奇。占地约 400 平方米，高 25 米。藏经阁的金匾悬于正中门楣，瑰丽壮观。

大士阁位于藏经阁之南，仅隔一墙，前身是百子堂，民间或谓“娘娘殿”、“送子堂”，供观音神像。旧时供桌上置一红布袋，内装有红枣、花生、鞋子、筷子。凡欲求子者可于袋内摸，如摸到筷子，意即可早生贵子。皆是谐音取意，无非是诳人的勾当。佛龛之左方壁上嵌一块摩刻，据云为唐阎立本所绘，人物半裸侧身，赤脚缓行，手持锡杖，形态生动逼真，实为难得的珍品。

（李守毅）

宝通寺

坐落在武昌洪山南麓的宝通寺，是武汉的又一著名佛教圣地，寺中的洪山宝塔，更是远近闻名。

洪山位于武昌城东，原名东山。在南北朝时代即建有寺庙，当时称东山寺，距今已有1400年，630年（唐太宗贞观四年）尉迟敬德封鄂国公，奉命修建鄂州（今武昌）城时，在东山寺基础上扩建寺宇，铸造铁佛，更名弥陀寺。据宝通寺方丈源成法师回忆，解放前他曾见过刻有“尉迟敬德建造”字样的墙砖。南宋理宗嘉熙年间（1237—1240年），抗金名人将枣阳人孟珙出任荆湖制置使，为避兵乱，与民兵都统张顺将随州大洪山之幽济禅院尊众（即多尊佛像）迁来武昌东郊，连同灵济慈忍大师的“佛足”及历朝所颁告敕一齐安置在弥陀寺，并奏请赐寺名为“崇宁万寿寺”，同时将东山改名为洪山。后经战乱，香火冷落，京湖大制置使吕文德请无积禅师为之住持，该寺乃得复兴。元初毁。1332年（元至顺三年）华实任该寺住持，毅然以复兴自任。他筹集几万缗经费，广求大木由江上运归。因原址地势狭窄，不宜扩建，乃夷山填壑，垒石为基，使基宽敞，大兴土木，1334年（元统二年）告竣。时人称新建之寺宇，“金碧髹彤，辉映林谷，宏模伟观，人天俱瞻”。随州、许州（今许昌）“三大洪山法席之盛，莫武昌若也”。有黄缙作《武昌大洪山崇山万寿寺记》记其事。

1381年（明洪武十四年）朱元璋之子楚昭王朱桢就藩武昌，在蛇山之阳营建楚王府的同时，在洪山重建寺庙。其后楚靖王朱均鈋在1457年（天顺元年）又大修大雄宝殿等建筑。1485年（成化二十一年）规模大增，并更寺名为“宝通禅寺”，沿袭至今。1676年（清康熙十五年）大司马张朝珍，布政使徐惺先后增修，使殿宇宏伟，为“武昌诸刹第一”。1792年（乾隆五十七年）再次修葺。咸丰年间又遭兵燹。1865—1879年（同治四年至光绪五年）修复，规模远不及前，寺内现存建筑多为当时所建。辛亥（1911年）武昌起义时，革命军曾设司令部于该寺。民国年间，程潜出资进行维修，未及竣工即被驻军破坏。1932年，方丈问贤法师以同乡关系请时任湖北省政府主席的夏斗寅支持和援助该寺的复产重建工作，使寺中所失去的全部房产收回。当时该寺范围甚大，山门设于岳王台（今傅家坡附近）。并在城内龙神庙（今古楼洞民主路东打火机厂附近）设立下院，作为宝通寺行馆，专供进城办事僧人食宿。此时可能是该寺鼎盛时期，香火十分旺盛。

昔日宝通寺全景

1952年，武汉市人民政府拨款修建，使宝通寺面貌焕然一新。“文化大革命”中遭到洗劫，僧众四散，文物失落。1983年列为全国重点寺庙之一，翌年即由国家拨款全面维修，并召回僧众，恢复佛事活动，接待海内外僧俗各界人士，还设有僧伽培训班，培训各地来的青年僧众。

宝通寺如今的山门面向武珞路，门额上“宝通禅寺”四字为中国佛教协会会长赵朴初居士题写。山门内一大院落，中有放生池，放生乌龟出没其中。池上横跨一桥，名“圣僧桥”，原为木桥，相传无念祖师云游到此，改建为石桥。按照佛寺一般建筑格局，此处应有钟楼和鼓楼之设，但兴毁情况不见记载，只好阙如。

过桥数十步为弥勒殿，又称天王殿或接引殿。殿前左右各立石狮一只，身高丈余，一戏绣球，一抱幼狮，神态可掬。殿左侧有一口大铁钟，清咸丰年间铸造，由城内铁佛寺迁来。殿内主尊为弥勒佛，金光夺目；佛寺的守护神韦驮亦供奉在此殿内，背向弥勒而立，造像威严。左右有观音、地藏王塑像，两壁立有高大的四大天王。

由弥勒殿后拾级而上，即可达大雄宝殿。殿内一口有七百多年历史的大铁钟还是1240年(宋嘉熙四年)孟珙迁寺时所铸造的，铁声铜像，形体庞大，重约万斤，号称"万斤钟"，其声雄浑，可传数里之外。大雄宝殿为正殿，供三位主尊，佛教缔造者释迦牟尼居中，身后左右为文殊、普贤两菩萨，两厢有十八罗汉。殿中有归元寺住持昌明法师所书楹联一副：

古今来宗教几何自由平等无如我佛；

东西国文明进化言行高尚独让法王。

大雄宝殿左右的后面，原来的一些建筑有的无存，有的重建，有的修缮，现有方丈室、客堂、僧寮、斋堂等。藏经阁及楼内所藏珍贵文物、经典、"文革"中多已毁弃。

出后门登山原有铁佛殿，殿内有铁佛二座，均为唐代遗物，系从城内铁佛寺迁来。此殿原为方丈说法处，殿下石砌暗道曾发现方丈说法用的锡杖。殿中银质舍利塔一座，八寸高，三寸宽，仿缅甸大金塔式样制成。此殿解放前已毁于大火。再上即法界宫，为宝通寺前往住持持松于1923年由日本留学归来，为恢复我国密宗，依唐密金刚部五佛曼荼罗修建。原建已遭破坏，现在维修复原。该殿右侧有华严洞，深丈余，原供有毗卢佛像，现无存。洞上建有华严亭，为游人休憩之所。最上为灵济宝塔，又称宝通塔或洪山宝塔。

（郭云涛）

古德寺

如果说，归元寺在"文化大革命"中得到较好保护的话，那么，古德寺却被那场史无前例的浩劫破坏殆尽。今天作为武汉市文物保护单位，古德寺已在陆续修复。

昔日古德寺

古德寺的历史比宝通寺、归元寺、莲溪寺都要短。1877年(清光绪三年),在汉口今解放大道东段,黄浦路北段一带还是一片坡地。有位法号叫隆常的禅师来到这里,建了一座小小的寺庙,名"古德茅蓬",他便成了古德寺的开山祖。随着后湖的变迁,前来烧香的人一天天多了起来。到1905年进行了一次扩建。据说该寺还请了藏经,加强了它在寺中的地位。民国初年,昌央法师主持扩建,定名古德寺。黎元洪当了北京政府的大总统后,支持古德寺的改建、扩建,并亲笔题写了寺名,悬于山门之上。1921年秋,开始了大规模的改建、扩建工作,重修了大雄宝殿及其他殿宇,塑造了各殿内供奉的大小佛像多尊。1931年汉口大水时被淹没,水退后又继续修复,前后历时3年乃竣。

古德寺规模最大时占地2万多平方米,建筑面积达3600多平方米。进山门过甬道,首入天王殿,殿内供奉佛寺守护神韦驮和四大天王。穿过殿后院落,即可到达大雄宝殿。此殿参照缅甸著名佛寺阿难陀寺的建筑艺术风格建造,正方形大殿内空高达16米,殿内可容千人,殿内盖有象征五佛(即东、南、西、北、中五方佛,又名五智如来。中为法身佛,即毗卢遮那佛;南方宝生佛,表福德;东方阿闳佛,表觉性;西方阿弥陀佛,表智慧;北方不空成就佛,表事业)四菩萨(即文殊、普贤、观世音、大势至四菩萨)的9座佛塔,塔周围有96个莲花墩和24诸天菩萨像。殿中供奉三位主尊:释迦牟尼、药师、弥陀,三尊托纱丈六金身大佛盘坐在8级莲花座上。这种三佛同殿的安排,近世少见。三尊大佛前还保留着古德寺茅蓬时代所供奉的三尊同名佛像,相比之下,后者的形体显得很小了。三主尊佛坛的背后为西方三圣,两廊为楞严二十五圆通及文殊、普贤佛像。

今日古德寺院内景

大雄宝殿左侧有方丈室、觉幻室、观音堂、藏经楼等，右侧为生活区，有寺僧寮房、客堂、斋堂等。寺后及左侧原有大片空地，是菜园和竹园。现外观犹存其轮廓。以往住僧常在50～70人左右。解放初因与广讲寺同搞生产，逐渐并入广讲寺。

（觉空）

莲溪寺

莲溪寺是武汉市目前唯一的一座佛教“女众丛林”。它创建于元末明初，原址位于武昌中和门（今起义门）外绿瓦窑地方。当时传戒挂单，香火旺盛，“为十方之丛林”，明末全部被毁。清康熙年间由法融长老在现址重建，1856年（咸丰六年）又毁于战火，仅存碑记于荒基山场。旋有正方和尚搭盖茅庵，供奉香火。1889年（光绪十五年）从四川来的医僧道明和尚再次重建。他拿出自己的积蓄二千金，并从四方化缘，募得水田、山场和树木等资产，着手“重复古貌，以妥神灵”。先后重建了山门、佛像，添置了经典法器，逐渐恢复到原来“十方丛林”的规模。

现今该寺所存主要建筑大都为当时所建。道明于1891年（光绪二十七年）亲笔提写的寺名如今仍镶嵌在山门之上。从那时起，莲溪寺住持传了六代，即：道明—心静—体空—曹昆—道根—慈学。

莲溪寺以莲花道场著称于武汉佛教四大丛林中。1911 年（宣统三年）该寺奏准藏经阁，所藏佛经珍品直到“文革”前仍保存完好。同时还藏有墨玉观音、紫金钵等稀世珍宝。可惜的是，这些珍贵文物在“十年动乱”中大多散失。莲溪寺还是佛学教育基地。1982 年在体空和尚主持下，筹集资金开办了著名的华严大学。这是当时全国最高佛学学府。

武昌莲溪寺

1959 年，该寺被列为湖北省重点文物保护单位，得到妥善的管理。一度开办火葬场，香火也逐渐兴旺起来。“文革”中，莲溪寺也受到冲击，僧众被逐出山门。1983 年政府落实宗教政策，寺庙才获得新生，先后迁出了火葬场和街道工厂，接回了流散在各地的比丘尼，并在 1986 年调来汉口栖隐寺慈学法师任住持，使该寺作为尼众丛林对外开放。目前寺内常住比丘尼 50 多人，开办有年轻尼众“爱道培训班”，学员分别来自附近各省市。

近年来，市政府及市佛协等有关方面出资 60 余万元，修复了 5 座大殿，重塑佛像 30 多尊。修葺一新的莲溪寺禅寺，环境幽静，风格古朴，笃笃木鱼声伴着青灯黄卷，正是出家人修行的好处所。

（觉空）

武汉四大道教丛林

长春观

在高楼大厦鳞次栉比、车水马龙浩浩荡荡的武昌大东门外，风景妩媚的黄鹄山（蛇山）尾部，有一处景色清幽、建筑典雅的游览胜地，它就是武汉现今仅存的一座具有典型道教艺术风格的建筑群——长春观。

不知哪位先哲说过“天下名山僧占尽”，也不知哪位先贤道出仙境的“洞天福地”总与方外结缘。不错，长春观就是具有先知卓见的方外人很早就开辟的一处洞天胜境。明媚秀丽的黄鹄山山势至此伏而又起，唐代著名的诗仙李白《望黄鹄山》诗中所说的“中峰倚红日”处，就是指的古长春观这一段。相传，古代此地多松，故有“松岛”之称。道教始祖老子曾应他的弟子之邀赴庐阜“会五老”，到了江南鄂州之后，没有停留，即西转而到湖港之乡、双峰山麓的长松岛。人们为了纪念他，附会说此松岛即长松岛，曾建有老子宫。老子宫虽属传闻，但是古代的方外人在秦汉、唐宋各代却因此兴建了“先农坛”、“神祇坛”、“太极宫”和“太清宫”。南宋的朱熹在他的《鄂州社稷坛记》中真实地记载了这块风水宝地：“城东黄鹄山下，废营地一区。东西十丈，南北倍差，按政和五礼画为四坛。”

元初时，全真道龙门派创始人邱处机，号长春子，仿效佛教创建丛林制度。他多次受元太祖成吉思汗的封赏，掌管天下道教，随南下的鞑军（元军）救人出水火。鞑军所经之处，就是邱氏弟子施教之处，于是，荆湖之地的邱氏弟子为祭奉长春真人，在松岛修建了以邱氏道号命名的长春观。

明嘉靖年间（1522—1566年），长春观“仙真代出，为湖北丛林特著，屋宇千间，道友万数，香火辉煌”。每年的农历正月十九，长春观都要举行隆重盛大的邱祖会。邱处机生于宋代绍兴戊辰年（1148年）正月十九日，传说十八日午夜天仙真人下降，齐为邱长春祝福。此间，仙真幻化无穷，或为乞丐，或为羽客，善男信女若是有缘见到，可以获福无量。所以，十九这天，武昌、汉口和汉阳的道众云集长春观以翼会仙。这项活动后流为民俗，叫“迎春会”，也叫“燕九节”。《桃花扇》的作者孔尚任为此作有《燕九竹枝词》，以描绘与会道众翼仙渴望之情：“才走星桥又步云，真仙不遇心如结”。

长春观还藏有历来被道教认为宝中之物的全套明版《正经道藏》，加之神像、神龛、法器、匾额完整齐全，陈设古雅，使长春观被誉为“江楚名区，道子云集之处，黄冠皈依之所”。著名的音韵学者钱大昕，在 1774 年(清乾隆三十九年)慕名而来长春观阅查《道藏》，在来成楼写下了《三洞璇华序》。英国李约瑟博士著的《中国科技史》一书，其化学部分引用了《道藏》中的许多资料。

武昌长春观

长春观远近闻名，与该观的历任监院、方丈广结善缘是分不开的，清代名士来长春观查阅藏经之人接踵而至，莫不称赞监院朱合真交结甚广，慈悲大度。1865 年(同治四年)在北京白支观主持传戒的律师张耕云，应长春观监院干本贤、金教法之邀千里迢迢来观开坛说戒。1925 年天门县龙镇出家的 22 代龙门正宗传戒律师刘嗣授与监院侯永德携手开坛说戒，受戒道众 454 人同载《湖北长春观乙丑戒坛登真录》，武汉的军、政、商界大员云集，高朋满座，黎元洪赠匾“大愿圆满”，萧耀南赠匾“道岸同登”。

古时名地多纷争。由于长春观地处武昌要冲，观宇建筑屡遭兵燹又屡次重建。清末太平军与清军曾经三次争夺武昌城，长春观常常是战火熊熊，硝烟弥漫，残垣断壁。清王朝在湖北督办军务的钦差大臣官文的七律诗《观焚》就是绝好的见证：

古观焚如岁月迁，问谁火里种青莲。
春风料峭双峰树，郁气氤氲万缕烟。
每意沧桑增阅历，欲寻洞府学神仙。
有缘到此空休返，且上回头普渡船。

1864年（同治三年），龙门第十六代宗师何合春从武当山来此发愿，得到官文及江南提督军门李世宗捐助，将长春观进行了大规模修缮，使其"庙貌森严，回复旧观"。清朝诗人王柏心为此作有《过长春观》诗：

山川俯仰劫灰余，在观重开阆苑居。
紫府琼台仍缥缈，元都金阙故清虚。

长春观在近代中国革命史上也有着光辉灿烂的一页。1926年，北伐军为了攻克北洋军阀在长江中段的最后据点，与直系军阀吴佩孚在武昌城下鏖战。叶挺独立师驻扎长春观，并在三皇殿设立了前线指挥部，国民革命军总政治部副主任郭沫若曾在观内暂住。邓演达在此督战时，衣袖被子弹击穿，俄国翻译纪德甫殉难于观内。为此，郭沫若挥泪痛悼北伐英烈：

一弹穿头复贯胸，成仁心事底从容。
宾阳门外长春观，留待千秋史管彤。

今存长春观格局是1864年何合春率众仿明代建筑风格，以斗拱铆榫纯木为结构重建的。全观分左、中、右三路而进，中庭有四进。首进是红墙青瓦的灵官殿，内供镇守山门之神"五枢火符天将"，煞是威武。绕一巨鼎，经"五龙捧圣"拾级而上，是拔地突起的太清殿。高约5米的道教始祖太上老君鎏金塑像供奉正中，后侧左右是老君弟子南华真人和尹喜真人。东西殿壁上绘有以孔子问礼和老子修真、讲经说法、出函谷关为题材的大型彩色壁画。穿阆苑、蓬壶月门，沿花径直上七真殿。内供有全真教的创立者王重阳的七个弟子，代表七个不同的教徒：龙门派的邱处机、遇山派的马钰、南无派的谭处端、随山派的刘处玄、嵛山派的王处一、华山派的郝大通、清静派的孙不二。出殿登石阶即上暗含玄理的"地步天级",由左右分级而上即会仙桥。古传,在殿内遇不见道人,若是在会仙桥上恰遇道人,即有"仙缘",当你排除了凡心杂念之后,还可以聆听到仙乐呢！越过会仙桥,再向上攀,则是长春观的第四进殿宇三皇殿,红墙碧瓦的殿内供奉着华夏民族的祖先伏羲氏、神农氏和轩辕氏。三尊座像,貌相原始,四尺高许,四肢袒露,只着叶衣。

三皇殿是长春观的最高点,在这里极目俯瞰,四院里建筑宝瓶压脊,单檐舒翼,古树虬蟠,亭榭楼阁,令人心旷神怡。有白鹤闻经声飞来栖止于观的"来鹤轩",也有双手捧净瓶,仪态端庄的"慈航大士";有赞美政绩卓著地方官的"甘棠"摩崖,也有镌刻着"长春琼玑","天皇宝诰"的功德祠壁;有十方救苦难的子午种亭,也有终南修道后游历江湖的吕洞宾显化的"还丹井"。

气势宏伟的长春观,觅高尤需要更上一层。站在三皇殿,铁路高楼尽收眼底。想必只有到了这里,才能真正领会我国土生土长的道教的神秘之真谛。

(陈德传)

元妙观

古老的汉阳,名胜古迹遍布。在这众多的胜迹之中,有一处"曲径通幽"之地,便是格局独具匠心的元妙观。明都御史吴廷用曾游此观作诗云:

玄妙仙宫汉水边,参差台阁翠微连。
濒临北斗腾丹气,下瞰南溟霭碧烟。
缥缈凤麟环太乙,森严龙虎秘真铨。
长生欲访安期决,云散瑶空月满川。

元妙观创建以来一千多年里,受到历代统治者的青睐。始建时在汉阳县治东边,南宋理宗淳祐年间(1241—1252年),当地官府委托中妙真人叶靖庵重新修建,元末毁于兵燹,明洪武初年,赵廷兰任县令时,该观移至城西。1383年(明洪武十六年),"楚昭王有疾",官府"大修境内名地”。此间，元妙观在荆州江陵副都纪王智明羽士主持下，进行了规模空前的扩建与修葺，从此“殿庑门阁皆精丽”，曾一度为“有司岁时程延之所”，汉阳府管理道教事务的地方衙门“道纪司”设置于观内，著名道士韩明善曾在道纪司任职。知府刘汝松更是元妙观常客，在一次醉酒之后当即挥毫作诗：

为访谈玄处，岩扉碧藓重。
雨篱深薜荔，露井落芙蓉。
醒酒常凭石，开云独种松。
晚登龙胜绝，江上有青峰。

据史料记载，元妙观是武汉地区道教开山最早的一座十方丛林。土生土长的我国道教祠宇，一般规模宏大的都经帝王敕额命名，也正是由于帝王的青睐敕额，元妙观随着帝王的更迭曾经三易其名。967 年（宋乾德五年）王修创立道观后的 13 年，宋睦宗赐名“天庆”。1312 年（元皇庆元年），令改“玄妙”。清康熙年间，又因避讳康熙帝名（玄烨），更名为“元妙”。难怪出家于元妙观 30 多载的宗胜道人感慨道：“出家人虽心在方外，但身躯、宫观却离不开方内。”

元妙观的建筑形式在武汉地区的道教宫观中是别开生面的。从龟山之巅俯视，整座观宇平面呈葫芦形，九宫八卦的格局令你如痴如迷，九宫八面，八卦九角，每一宫的设置，每一面的布局都凝聚着劳动人民的智慧，都有一个神秘的传说。第一宫是红墙碧瓦的灵宫殿，内供奉道教护法大神“王灵官”。他是宋徽宗十分崇敬的林灵素之弟子，因为人耿直，道教请其镇守山门。除此之外，还供有青龙、白虎、玄武、朱雀四方之神，按金木水火土五方形排列，取“生天生地更生仙，

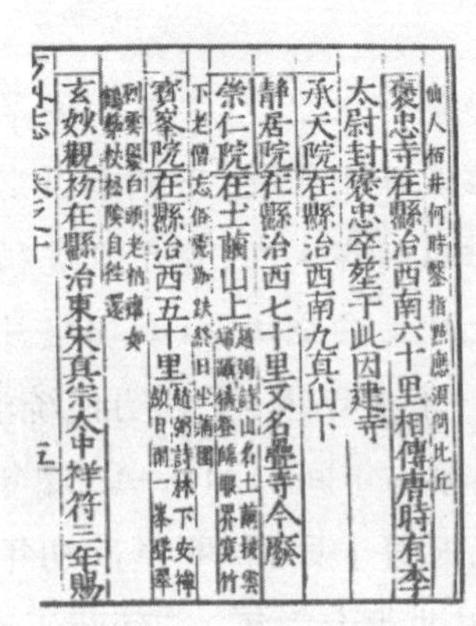
仙人栖井何時鑿指點應須問比丘
褒忠寺在縣治西南六十里相傳唐時有李
太尉封褒忠卒塟于此因建寺
承天院在縣治西南九真山下
靜居院在縣治西七十里又名疊寺今廢
崇仁院在土繭山上
下老僧忘俗慮跡跌終日坐蒲團
寶峯院在縣治西五十里
玄妙觀舊在縣治東宋真宗大中祥符三年賜
名天慶理宗淳佑間冲妙宏道真人葉靖庵
脩元仁宗皇慶元年改玄妙元末兵燹不存
洪武初和州趙廷蘭爲漢令始移觀於郡城
西道人常自然重脩十六年己亥楚昭王有疾
大脩境內名地今殿廡門閣皆精麗昭王易
建也尋有羽士王智明荆州江陵人行術兼
至擧爲副都紀脩葺宏壯正德來漸朽圮嘉
靖中丹山老人蔡脩歲時有司視延之所

明嘉靖《汉阳府志》书影（内有关于元妙观的介绍）

生人生物渐渐孳，生生不已”之意，象征长生根本，以壮威仪。第二宫三清殿，供奉玉清、上清、太清神像，取“老子一气化三清”之意。“三清”为道教至高无上之尊神，即道教最早崇拜的所谓“先天地而生，无世不存”的太上老君、道经中第一级中位尊神“元始天尊”和太上老君“灵宝尊”。第三宫和第四宫是与三清殿并列的邱祖殿和吕祖殿。邱祖殿供奉长春观真人邱处机，吕祖殿供奉道教北五祖之一纯阳帝君吕洞宾。世传吕洞宾曾足登黄鹄山（蛇山），留下了“黄鹤楼头留圣迹，玉清殿内炼丹砂”诗句。第五宫是玉皇殿，供奉玉皇大帝，与之并列的是第六宫雷祖殿和第七宫文昌殿。雷祖殿供奉司理风雷电的雷公电母，文昌殿供奉文昌帝君。三重大殿后是第八宫三官殿和第九宫大士阁。三官殿供奉“天官、地官、水官”。道教认为，天官赐福，地官赦罪，水官解厄。三官殿房脊雕有天龙，成盘旋状。大士阁供奉慈航道人。

元妙观内林木成行，风景宜人。大殿后有一棵百年榆树，树下葬有开山祖师通灵道长王修。为此，明朝诗人赵弼曾伫立榆树下吟诗赞颂元妙仙宫的夺目光彩：

崔嵬楼阁倚晴宫，昔有真人伏虎龙。
一点经尘飞不到，丹房常被白云封。

（陈德传）

武当宫

蛇山环抱其间，殿宇依山而建，杉榆松桧摩天翳日，石桥假山百折逶迤，这就是历来被认为是“乾坤秀萃之所，神灵之宅”的武当宫。

武当宫是武汉道教四大丛林唯一冠以“宫”名的道教圣地。据《大岳太和山纪略》载，位于湖北省均县以南的我国道教著名的洞天福地武当山，不仅自然景色标奇孕秀，而且各路神仙羽士云集，自1275年（元至元十二年）当山道士鲁大宥由北方访全真道归故里，与汪真常在武当山传全真道法，度弟子百余人，至此，武汉方始有全真道活动。素有“五里一庵十里宫，丹墙翠瓦望玲珑”之誉的武当山，殿宇大多受明成祖朱棣敕额，亦多以宫命名。相传鲁大宥的弟子发愿来到黄鹄山麓建造武当山的行院，由此而得名武当宫。同其他丛林一样，武当宫历来受到封建统治者的垂青。包含着古代社会宗教意识与民族文化的我国道教，追求的最高理想是长生不死。武当宫的历任住持刘嗣授、江宗善等不仅重乐、贵术，好养生之道，且精通中医中药。希图“得道成仙、消极虚静、超脱自在，不为物累”的达官显贵，便与道教投缘，大修名祠，以求长生久视。明代撰修的《寰宇通志》载，武当宫原建于武昌平湖门内，即古黄鹤楼的东面，洪武初年续建，1445年(明正统十年)重修，1673年(清康熙十二年)又进行了大规模重建，并立有“重建武当宫碑”。清光绪初年，官府又将宫“移建学府宫西”。

移建后的武当宫，旧址原是武昌府的城隍庙，殿宇坐北朝南，背依蛇山，山门正对南天门，传说此宫30年出一地仙，60年出一天仙，山门双壁书有1米见方的“龙虎”二字，雄浑粗犷，挺拔遒劲。进入山门即入仙界，按道教说法，山门外属俗界。武当宫以“秀萃”闻名于武汉道教四大丛林之间。灵官殿、玉清殿、三皇殿掩隐在绿树丛阴中。每座殿宇前古松参天，四时花卉沿墙栽种，宫内右边是古天鹅池，传说天鹅曾来此饮水、嬉戏，道童来池中取水时可隐见天鹅的倒影。红尘俗路之人若隐见天鹅则一生将吉祥如意。天鹅池水甘甜，明目清心，可以制酒。宫左假山错落，古槐葱郁，碑石林立。假山与戒台之间架有一座桥，桥下泉水葱绿，苔萍清翠。这里每一条花径，绿树成阴，可以通达每座殿宇。玉清殿里的神龛最为精美，有二龙戏珠和双凤朝阳装饰，龛下是雕刻精巧的石座。龛上陈设的珍珠彩灯、宝瓶、香鼎等均为武昌府的要员所赐，每临真武的诞辰，这里钟鼓长鸣，香烟缭绕，磬声悠悠，为古观庄严道场增添无限情趣。一入此境，颇有脱俗之感。幽致清雅的庭院，庄严肃穆的殿堂笼罩了这座“神灵之宅”的古朴、神秘。

斗转星移，随着该宫最后的住持柴永仙的仙逝，香火稀疏，树倒人去。而今伫立武当宫的旧址，只留下空空的回忆。

(陈德传)

大道观

相传道教的三十六洞天，七十二福地，皆仙人居处游憩之地；信奉道教的潜隐默修之士，无不喜遁居幽静之林。然近代的汉口辟为商埠，商品经济发达的利济路，却有一处远近闻名的道教圣地。由于它地处人口稠密的闹市街道，所以称作大道观。

大道观的历史虽不久远，但因它地处商业中心，知名度远远超过其它丛林。大道观原基是一个水塘，塘边有一供人祈祷风调雨顺玉皇亭。清道光年间，扩建为一庙，取名玉皇阁。1885 年（清光绪十一年），住庙道人李敏无力扶持，遂将庙产全部捐给道友杜圆椿，杜即拓展为一十方丛林。庙产属道教徒，凡是道友皆可挂单居留。民国初年长春观监院侯永德发起募化，委派知客裴至德主持督建，重建后的大道观规模大大超过从前。总占地面积 1632 平方米，建筑面积 2461 平方米，有殿宇、客房、堂库 7 栋。为适应商品经济的发展，殿宇大都节约空间，山门灵官殿和玉皇阁设计为上下两层，还在临街开设有 9 个铺面。得天独厚的环境，商界财团的辅佑，民国年间，香火甚旺，经忏收入较为宽裕，常住道众多达 70 人。

以大道观经乐为代表的武汉道教高功音乐学习班结业典礼合影

大道观以经忏活动著称于武汉道教丛林。1945—1950 年期间，经忏活动最为兴盛，每年半月以上的经忏事多达十几次，小型焰口、斋醮几乎天天不断。身怀绝技的高功更是层出不穷。特别是尹景山任高功时，大道观的经忏法事更为频繁。尹高功浓眉大眼，气宇轩昂，身材魁梧，膂力过人。尤其是他咏诵辞章，抑扬顿挫、步虚韵调的行腔时而婉转，时而铿锵，使得场下的信众如痴如醉。所以，汉口的大商富户做法事都乐意请他主坛，甚至排队专等他做。

大道观每年农历正月初九，都要举行规模盛大的“玉皇圣会”。按道教说法，昊天玉皇大帝尽管有四御(四大天帝)协助佐理天上地下、天道运行的事务，但每年腊月二十五至正月初九，他仍要降圣下界，亲自出巡视察下界的情况，考查众生道俗的善恶良莠，以便赏善罚恶。在这一天，大道观要举行隆重的道场迎接玉皇大帝的法驾降临。当天半夜子时举行接驾仪式，全体道众跪在玉皇阁前，恭请迎接，诵经礼忏，祝愿国泰民安，风调雨顺，五谷丰登，山门鼎盛，香火绵延，道德兴隆。红尘俗路，施主玄客，涌进山门道观，敬香还愿，以求岁岁平安，丰衣足食。汉口几个大商号或某些慈善团体集资请做《高上玉皇本行经》，念经者多达 36 人，时间延续 49 天，法事包括上表、供天、炼度、专炼、上供、发递、亡斗、开启、结篆、青玄朝、请圣、召孤坟等等，以使玉皇在出巡下界的半月中，充分享受到人间的香烟恭祝，在其诞辰吉日(正月初九)的下午回銮返还天宫。

1952 年随着住持裴玉德的仙逝，观内住持人由于长期空缺，更由于道士们纷纷放弃经忏职业，积极参加手工业社的劳动生产，自食其力，兴盛一百多年的大道观宗教活动至此画上了句号。

（陈德传）

武汉第一座公园

汉口中山公园，地处闹市中心，每日游人如织。武汉邻近各县的人没有不晓得中山公园的，但是，对这座公园的历史，今天的人们知道得很少。

汉口中山公园最早的大门

中山公园最初是汉口地皮大王刘歆生的私人花园，约建于20世纪初。1914年左右，刘为笼络湖北军政府财政厅长李华堂（袁世凯所赐"将军团"的中坚分子），便将此园赠给李，李乃命名为"西园"。该园当时面积仅1680平方米，即从现在公园大门至原管理处，东侧门至图书室北公共厕所处的长方地形。1927年，汉口特别市政府将西园作为敌产没收。西园附近，有块很大的空地，属于吴佩孚直鲁豫同乡会。

1928年夏初，建筑专家吴国柄由英国留学归来，在他的建议下，经湖北省政府主席张知本批准，在第四集团军总司令李宗仁、汉口特别市长刘文岛、第十九军军长胡宗铎等的支持下，成立"汉口市第一公园办事处"，派吴国柄负责修建中山公园。经测绘，地址选在西园和直鲁豫同乡会公地范围之内。当即将上述地方用围墙围住，动用军人和犯人挖湖、堆山，并从鸡公山林场运来大批树苗，绿化全园。公园面积达到12.5公顷。园内人工湖中堆成几个小岛，小岛间架桥相连。还建有运动场、游泳池、溜冰场、民众教育馆和总理（孙中山）纪念堂。部分竣工后，于1929年6月10日先期对外开放，同年10月10日（辛亥起义纪念日）正式对外开放。为纪念孙中山先生，公园正式命名为"汉口中山公园"。公园正门（今出口处）

民国时期的中山公园

是根据英国皇宫巴肯汉姆来设计的，门两边的石墩子上，刻有“中山”“公园”四个篆体字。1931年汉口洪水成灾，公园淹没，仅存湖山和游泳池之平台。1932年，仍由吴国柄主持整顿和修建。至1934年已陆续完成原有设施，并新建了“张公亭”（为纪念张之洞所建）、“湖心亭”、水阁、罗马式建筑“四顾轩”以及树枝形栏杆钢筋水泥桥（今落虹桥）等。特别值得一提的是，这次修复时新建了“日晷”（一种测时器具）。人们只知道北京故宫中有日晷，中山公园建日晷在当时是件了不起的创举。这座日晷建成后，不仅起到了报时的作用，也为公园添了一处景点。后不知何故未能保存下来，只残留了一个空空的日晷台（解放后已在台上建造了一座山羊塑像）。

修复后的中山公园，范围扩大到人民会场一带，较前扩大了一倍多。在修复工程进行时，汉口特别市政府下令，选定出口、入口两门之间在中心点（今中山公园正门口）修造一座蒋介石的戎装铜像：蒋介石全副军装骑在一匹高头大马上，身披黑色大氅，马翘前蹄作飞奔状，样子十分威武。

汉口中山公园大门

1938年日寇侵占武汉，下令拆除了蒋介石的铜像（底座1958年尚存，后拆除），并把公园假山挖掉修造了一个汽车库，在树上拴军马，树被马啃光树皮枯死，有的还被砍伐去修筑工事，公园变成了军营。

中山公园受降纪念碑

抗战胜利后，1945 年 9 月 18 日，国民党政府第六战区司令长官孙蔚如上将担任湖北、武汉地区总受降官，在汉口中山公园以张公祠改建的受降堂，接受了日本华中派遣军总司令、第六方面军指挥官冈部直三郎大将等呈上的投降书，大长了中国人民的志气。

武汉解放后，多次进行全面翻修，面积扩大，景点和游乐设施增加，每逢节假日，入园游客日流量高达 10 余万人次。中山公园不愧为“汉口第一公园”。

（商若冰）

阅马场与红楼

位于阅马场的孙中山雕像

阅马场(亦作阅马厂)与红楼,是武汉市民熟悉的地名和建筑物,但能道出它们来历的人却不多了。

明代的教场称作阅兵楼,在武胜门外,有演武厅3间。清顺治年间,湖北巡抚刘兆麟在蛇山南麓重建新教场,称为阅马厂。它是清军练兵演武的操场和举行武科考试的考场,也设有演武厅。清军绿营兵的营房也在该地。1688年(清康熙二十七年)被裁绿营兵起事,推夏逢龙(夏包子)为首,在阅马厂建立总统兵马大元帅府。自那以后,阅马厂就成为人民举行反抗斗争和开展革命活动的重要场所。1853年(咸丰三年),太平军在此筑台“讲道理”(宣传革命),并举行了进军南京的誓师仪式。辛亥革命武昌起义后,在阅马厂红楼内建立了湖北军政府。

今日阅马场已建成首义广场

红楼原是清末湖北谘议局所在地，始建于 1909 年（宣统元年），1910 年落成。谘议局为一组建筑群，占地面积 18000 余平方米，建筑面积 6000 平方米。主体建筑为红色楼房，故有“红楼”之称。形式类似近代西方国家的行政会堂。上下 2 层，面阔 73 米，进深 42 米。砖木结构，坐北朝南。上层顶端正中有教堂式望楼，呈西欧古典建筑风格，气派非凡，门窗线条精巧，外墙壁饰有禾穗、莲花等图案的浮雕，显得古朴典雅。主楼后方另有一座两层结构的楼房，原是谘议局议员公所，为议员住宿休息处。两侧各有一排红色两层楼房。正前方出口处装有铁栅大门两扇，大门两侧为门房。由上半部装有铁栅的红色矮墙自门房向两旁平伸，与左右两侧的平房和主楼后的议员公所连接，形成一方形院落。

1911 年 10 月 10 日武昌起义胜利后，革命党人按照原计划，着手组建湖北军政府。因湖广总督署受战火破坏，一时不能修复利用，经议决以谘议局办公楼作为中华民国鄂军都督府（即湖北军政府）办公之用。军政府一度代行中央革命政府职能，因此，阅马厂和红楼在一段时间内成为全国革命中心，为国内外所瞩目。

武昌首义后成立的鄂军都督府（湖北军政府）

1926 年，北伐军攻占武昌，国民革命军总政治部和国民党湖北省党部均设在红楼内。翌年春，在此召开湖北农民协会第一次全省代表大会，毛泽东被聘为大会名誉主席。1949 年 5 月 16 日武汉解放后，中共湖北省委也曾在此办公。

武昌起义军政府旧址内的会议厅

红楼于1961年经国务院公布为全国重点文物保护单位。1979年3月，国家名誉主席宋庆龄亲笔题写“武昌起义军政府旧址”横幅。1981年经全面修葺的旧址被辟为辛亥革命武昌起义纪念馆，目前正式开放的房间有按原貌复原的会议厅，军政府都督黎元洪的住所和办公房等。原两侧的配房则布置了反映辛亥革命的辅助陈列和其他与辛亥革命相关的临时展览。

（喻枝英）

古老的问津书院

新洲区旧街镇孔子河村北边有孔子山，南边有问津河。问津书院就坐落在孔子山腰、问津河旁。它是湖北历史上有名的孔庙和书院，2002 年被列为湖北省文物保护单位。

问津书院之所以有名气，首先是与“孔子使子路问津”有关。关于孔子使子路问津处，在不少地方都有传说，有些地方还有一些相关史迹。虽然说孔子周游列国，问津处应该不止一处，但《论语》上记载的“长沮、桀溺耦而耕。孔子过之，使子路问津焉”的事只有一次。这一次是否发生在新洲呢？新洲有同志写作了《孔子周游列国到楚之时间地点初探》，证实孔子问津就在这里，而不是在其他地方。

问津书院与孔子及儒学关系密切。它的前身本来就是“孔庙”。西汉时在该地发掘出“孔子使子路问津处”石碑，淮南王刘安命人建亭修庙以祭祀孔子。石碑的发现和孔庙的修建使当地人深信《论语》中所记“长沮、桀溺耦而耕。孔子过之，使子路问津焉”的问津处就在此地，人们把石碑出土处的山称“孔子山”，山下长沮、桀溺耕种地称为“长沮冲”、“桀溺畈”，孔子停车处称“回车埠”，孔子曾坐着休息的石头称“坐石”，还有“孔子河”、“孔叹桥”等等。这些遗址

问津书院内“孔子使子路问津处”碑

遗迹许多至今仍存，似乎形成了一条信息链，展示着孔子当年周游列国曾“之楚”、“问津”的经历。

关于子路向之问津的长沮、桀溺，《论语·微子》中是这样说的：长沮、桀溺在一起耕种，孔子一行路过，不知渡口在何处，便派子路去打听。子路先问长沮，长沮反问子路：“车上拿着缰绳的人是谁？”子路回答：“是孔丘。”长沮又问：“是鲁国的孔丘吗？”子路答：“是的。”长沮说：“他早已知道渡口的位置了。”子路再去问桀溺。桀溺反问道：“你是谁？”子路答：“我是仲由。”桀溺又问：“你是鲁国孔丘的门徒吗？”子路说：“是的。”桀溺说：“像洪水一般的坏东西到处都是，你们同谁去改变它呢？而且你与其跟着躲避人的人，为什么不跟着我们这些躲避社会的人呢？”说完，仍旧不停地做田里的农活。子路回来后把情况报告给孔子。孔子怅然地说：“人是不能与鸟兽合群共处的，如果不同世上的人群打交道还与谁打交道呢？如果天下太平，我就不会与你们一道来从事改革了。”

新洲问津书院

东晋以降，在孔庙内设立官学，教授儒学，历代都有大儒前来聚众讲学，在当地形成“家循孔教，人诵儒书”的风气。可以说问津书院是儒学在楚地传播的一个重要据点。元初，江西名儒龙仁夫隐居此地，依托孔庙开办了“问津书院”。所以现在书院内的大成殿内立有孔子像，殿前为讲堂，讲堂前是仪门。大殿两侧有仲子祠、隐士祠、奉牲斋、文公祠、诸儒祠、斋宿馆等。存有清代康熙亲笔书写的“万世师表”和嘉庆仁宗御赐的“圣集大成”金匾，及历代文人墨客留下的祭孔诗词歌赋等。

问津书院在历史上影响很大，与岳麓、濂溪等都是当时楚地著名的书院。从问津书院里走出了为数甚多的举人、进士、名儒、政要。从清咸丰年间“问津书院图”和现存建筑来看，它的建筑既有一般书院的风格，也有自己的个性，比方说魁星楼、讲堂、大成殿、两庑等建筑的布局及其关系就很有特色。通过问津书院的建筑，我们可以了解古代书院关于环境的选择、建筑的形制、布局的方法、装饰的格调等方面的艺术特色。

清代问津书院图

问津书院附近还有孔子河与孔叹桥。发源于大别山东南支五云山的孔子河，绵延十多公里长。两岸山冈逶迤，林木茂密，村庄星罗棋布，田野阡陌纵横。下游流入沙河、举水，汇入长江。孔子周游列国时，曾站在孔子河岸边，望水兴叹，说此处若有一座桥就好了。1800 多年后，孔子的愿望及两岸民众的期盼变成了现实。明万历年间，归安进士、黄冈知县茅瑞徵在此修筑了一座大桥，并命名为孔叹桥。整座桥全为青石垒砌而成。桥长 22.8 米，宽 2.25 米，高 2.52 米。其造型为四墩三孔，每孔之间铺装五根石梁。历经几百年，依然耸立于河上。不仅孔子之愿遂，而且乡民因此得益，既不用涉水，也不用摆渡。乡民称便。

新洲孔叹桥

其他景点还有回车埠、长沮冲、桀溺畈、晒书山、坐石、砚石、墨池、讲经台、烟墩垴等，均待开辟以供游览。

（严昌洪）

南洋大楼

坐落在汉口中山大道六渡桥东面、民众乐园旁边的南洋大楼，是一座具有历史意义的建筑物。它始建于1917年，1921年竣工。整个大楼占地面积约1000平方米，共有5层，系水泥钢筋结构，墙壁以麻石砌筑，十分坚固。大楼坪台上中有一尖顶，两边各有一圆顶，为汉口的西式楼房之一。

汉口南洋大楼

南洋大楼原是南洋华侨简氏两兄弟所创“南洋兄弟烟草公司”汉口分公司所在地。1926年9月，北伐军占领了汉口。同年12月，国民党中央党部和国民政府由广州迁到武汉，南洋大楼成为国民政府的办公地点。“党政临时联席会议”即设在此楼。1927年3月，国民党二届三中全会在这里举行，从而谱写了一段国共合作的光荣历史。

武汉沦陷期间，南洋烟厂拆迁到重庆营业，汉口的生产完全停顿，其在硚口仁寿路的厂房和南洋大楼均被日军占用，直至抗战胜利才得以收回。

武汉解放后，南洋烟草公司汉口分公司为武汉市人民政府接管，其业务迁至硚口烟厂内合并办公，改名为“武汉卷烟厂”。南洋大楼成为烟厂职工宿舍。1959年6月，武汉市人民委员会将南洋大楼列为市级文物保护单位。

中共十一届三中全会后，南洋大楼内居民迁出，在1986—1987年间修葺一新，设南洋商场、大华饭店、大华歌舞厅于此楼内。入夜灯火辉煌，白天人流如潮，成为中山大道上热闹处所之一。

（朱务本）

接驾嘴的故事

汉口集稼嘴(位于民族路南端小河边),不仅武汉土生土长者无人不知,而且来往于汉口与江、汉各口岸的商旅也无人不晓,因为这里是汉水入江处的一个重要码头和货物集散地。在集稼嘴码头的对岸,有一块突出的陆地,使汉水在入江前形成一个约90度的转折。这地方被称为南岸嘴,从前也是商旅云集、帆樯林立的粮食集散地。

集稼嘴原称"接驾嘴",南岸嘴原称"南岸接驾嘴"。这"接驾嘴"到底是接谁的驾呢?其中有这样一个传说。湖北安陆在明代时曾为兴献王的封地。兴献王朱祐杬系明宪宗庶四子,1487年(成化二十三年)受封,1494年(弘治七年)始就藩安陆州。由京赴藩邸途中,舟次龙江,有慈鸟数万绕舟而飞,至黄州亦然,人们以为祥瑞之兆。后来,兴献王疏陈五事,颇得其兄明孝宗嘉许,受到比其他诸藩王更优厚的赏赐,并奠定了其子朱厚熜入继大统的基础。兴献王薨于1519年(正德十四年),其时朱厚熜年仅13岁,以世子身份综理国事,1521年4月,尚未除服的朱厚熜被特命袭封王位。几天后,其堂兄明武宗病逝。这位短命的皇帝没有子嗣,经慈寿太后与大学士杨廷和商议,决定立兴献王之子朱厚熜为帝,并派遣大学士梁储与定国公、驸马都尉、礼部尚书及太监等一行人以大行皇帝遗诏迎朱厚熜于安陆。5月,朱厚熜由安陆经陆路入京。而由一太监作为朱厚熜的替身沿汉水来到汉口,在入江处受到两岸官员和百姓的迎送,然后进入长江,顺流直下,转入

今日接驾嘴(集稼嘴)

京杭大运河到达北京。朱厚熜从陆路到达北京后立即登上皇帝宝座，是为明世宗嘉靖皇帝。汉口人不察，将假朱厚熜作为未来皇帝迎接，后为纪念此事，人们就把汉水入江口迎接假朱厚熜的地方称为"接驾嘴"，汉口沿河流通巷至鲍家巷一段也被称为"接驾嘴河街"。

两汉交汇下方的一大片绿地就是汉阳南岸嘴

"接驾嘴"成为"集稼嘴"，中间有一个演变过程。随着时间流逝，接驾嘴地名原有的含义渐渐被人淡忘，而地名在民间相传，字音往往发生变异，以讹传讹的结果，接驾嘴就成了"薛家嘴"，其实与姓薛的人家一点关系也没有。报驾巷讹呼为鲍家巷，送驾墩讹为宋家墩。这里地处江汉汇流处，又是旧汉口的主要街道汉正街的东端出入口，邻近农村的土特农副产品在此汇集转口，接驾嘴成为明清之际的重要码头和渡口，地名也渐渐变成"集稼嘴"了。集稼嘴是旧汉口"廿里长街八码头"之一，其他七码头是：宗三庙、五显庙、老官庙、沈家庙、柯家码头、龙王庙与四官殿。现在，随着汉正街小商品市场的繁荣，这一带水陆运输更为忙碌。

另外，在汉口黄陂街上段，今有回龙巷，按旧《汉阳县志》记载，此处原有塞口寺，1404 年（明永乐二年）建，后因"嘉靖皇帝"临幸此地，遂赐名回龙寺。

（严昌洪）

中国名城掌故丛书

◎武汉掌故

Wuhan Zhanggu

名人趣闻

李白与郎官湖

唐代大诗人李白于 725 年（唐开元十三年）“仗剑去国”，“浪迹天下，以诗酒自适”。他漫游江汉，多次在江夏（今武昌）、汉阳游览，留下许多名篇佳作，并使一些地名因诗而显，增加了知名度。据说，武汉“江城”之名就得自李白“一为迁客去长沙，西望长安不见家。黄鹤楼中吹玉笛，江城五月落梅花”的诗句。而汉阳的郎官湖也是由李白命名的。该湖虽早已湮没，但它的名字却因李白诗篇而长久地留在武汉人的记忆中。

南宋梁楷绘《李白行吟图》

那是 758 年（乾元元年）秋，李白因故谪贬夜郎（今贵州桐梓及正安西部一带），路过汉阳时，正出使夏口的尚书郎张谓邀请他游览城南湖，沔州牧杜某、汉阳令王某作陪。他们月夜泛舟湖上，见“水月如练，清光可掇”，乃诗兴大发。张谓对李白说：“此湖古来贤豪游者非一，而枉践佳景，寂寥无闻，夫子可为我标之嘉名，以传不朽。”李白为感谢主人盛情，取名为“郎官湖”，并赋《泛沔州城南郎官湖》诗一首为赠：

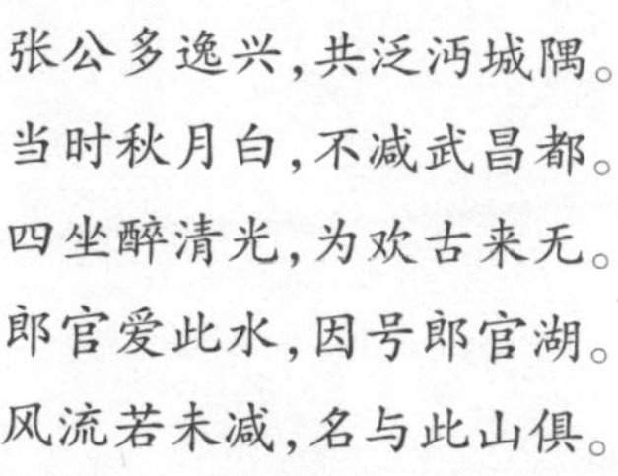

张公多逸兴，共泛沔城隅。
当时秋月白，不减武昌都。
四坐醉清光，为欢古来无。
郎官爱此水，因号郎官湖。
风流若未减，名与此山俱。

关于此湖，宋代曾有人指为“郡城之北，束于两山之间，纵广百余步”

的小湖，即今之莲花湖。其实莲花湖并不是郎官湖，因方位不对，后者在城南，曾名“南湖”或“城南湖”，而莲花湖却在城北。

汉阳莲花湖李白塑像

那么郎官湖究竟在哪里？我们可从旧地名探寻踪迹。在汉阳城南，曾有巷名“太白巷”、“郎官湖”，虽然现已改名太平巷、朗星巷，但确为古郎官湖遗址。由于江水对汉阳南门的冲刷，到宋时，贺铸已认为此湖“为江水所并，而去城里余，犹有州渚，隐然未泯，乃湖之故防（堤）”，并赋诗云：“江吞百顷尽，石刻一篇留”，说李白刻诗当时犹存。

至于莲花湖，在龟山和凤栖山之间，湖中有堤，曾有桥曰“迎春桥”，可通太平兴国寺。这里原也是汉阳较有景致的地方。但在解放前已成臭水塘。解放后汉阳区政府动员全区干部群众通过义务劳动，整治莲花湖，不仅使其恢复了昔日的风采，还增添了许多景点，月夜在湖心亭上乘凉，可见湖中倒影，龟山影憧憧，长虹千灯亮，湖岸树婆娑，湖中明月光，不减当年李白泛舟郎官湖的情趣，难怪有人建议将莲花湖借拟为郎官湖，辟为太白公园哩。

（严昌洪）

二程夫子与黄陂

程朱理学的奠基者，宋代洛学的创始人程颢、程颐二人，在中国思想文化史上可谓大名鼎鼎，而他们与武汉黄陂的关系许多人却并不清楚。

程颢、程颐兄弟人称二程夫子或二程先生。河南洛阳籍人，其祖父程遹任黄陂县令，卒于该县。父程珦年幼无力返乡，遂居于黄陂，后来还做了县尉。二程就是在其父任黄陂县尉时所生，因此该县与二程夫子关系密切，不仅有许多关于二程的纪念建筑，而且还有不少二程青少年时代的传说。

二程（程颢程颐）画像

黄陂县城西偏有草庙巷，是二程故居所在地，1370 年（明洪武三年）立程乡坊以为纪念。该巷暑天无蚊，乡人传以为异。传说程珦夫人侯氏曾梦双凤投怀，于 1032 年（宋明道元年）在思贤堂生颢，次年生颐。后来二程长大返洛阳，并且成了著名思想家，人们为景仰缅怀先贤，便在县城里修了一座清远亭。南宋时改称双凤亭，取侯太夫人梦双凤生二程之意。一说二程聪颖过人，道德文章名满天下，人称双凤，亭因此而得名。1463 年（明天顺七年）佥事沈靖复建亭于鲁台山麓二程祠内，1666 年（清康熙五年）县令杨廷蕴移建于山上。嘉庆年间重修，1830 年（道光十年）邑人刘云衢捐资再修，后又遭狂风吹倒。1848 年（道光二十八年）县令萧恩荫召集邑人金光杰、周超献、周恒渠会议重建，增修石楹，环植林木，顿复旧观。现存建筑即为当时所置。亭中有石砌方形碑，四面镌刻有《重修双凤亭记》等碑文 4 篇，碑额上刻有双凤朝阳图等。“双凤亭”金字匾额，为 1962 年

黄陂双凤亭

重修时郭沫若所题。

二程读书时，为儒家学说折服，十分想往孔子，乃筑台山顶遥望东方鲁地，台名望鲁台，山亦因此名鲁台山。鲁台山在县城东边过河数十步的地方。望鲁台周围昔有苍松数十株。明景泰间（1450—1457年）同知蔡绶建二程祠于鲁台山下，岁时俎豆，祭祀二程。成化年间（1465—1487年）知县李恒改旧祠为享堂，复建新祠于前，屡圮屡建。

鲁台山东边有湖名流矢湖，相传二程练习射箭，曾流矢于此。鲁台山下有聪明池，在二程祠内，相传蛙不鸣，蚊不叫，旱不涸，水不溢。后掘土得一石龟，中有八卦，被人窃去，这四种奇怪现象遂不复存在。二程当年在此攻读，凿潭喻道，故池中筑亭，称涵虚亭。有碑文云：

半亩方塘一个亭，森森万象入虚明。
百年心印今犹古，怪得蚊蛙不敢鸣。

池前数步为前川，即“傍花随柳”处，昔日花红柳翠，程颢曾有《春日偶成》诗记其在此春游之乐：

云淡风轻近午天，傍花随柳过前川。
时人不识余心乐，将谓偷闲学少年。

二程祠前半里地有理趣林，二程当年读书时植柏为林，情与景会，理与心契，虽在陋巷，而乐得其趣。

此外，白云洞、西郊桥（又称程夫子桥）、濯水台都是二程游经之处。

（严昌洪）

熊廷弼与冯梦龙

熊廷弼与冯梦龙，一位是威震辽东的武将，一位是名传江南的文人，他们之间却有师生之谊。熊廷弼巧帮冯梦龙的故事，至今读起来，仍能获得教益。

熊廷弼（1569—1625），原籍南昌，寄籍江夏，明万历二十六年(1598年)进士。曾任江南督学，试卷全部亲自批阅。阅卷时将几条长凳连接起来，把试卷一字儿鳞摊于长凳上，左右置酒一坛，剑一口，手操朱笔，一目数行，每当读得佳作，则用大酒樽痛饮，以表达心中喜悦之情；若遇荒谬劣作，则舞剑一回，以抒胸中郁气。凡有高才，无一遗漏地拔擢出来。

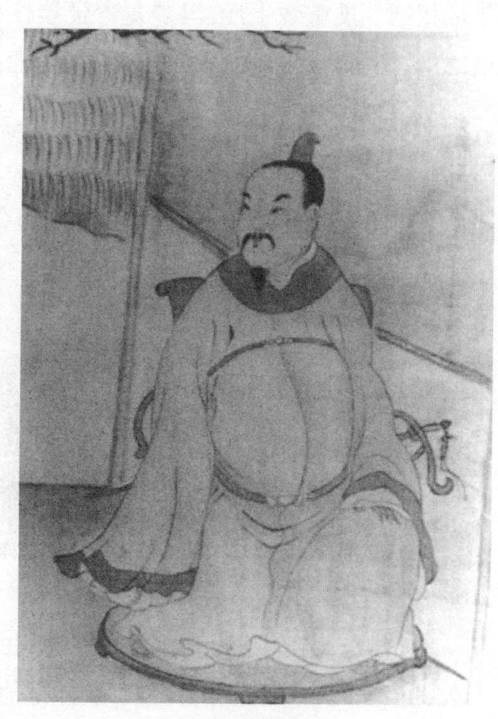

熊廷弼画像

冯梦龙（1574—1646），为吴下才子，亦出自熊廷弼门下。冯梦龙为通俗文学作家，所撰《挂枝儿》小曲与《叶子新斗谱》曾在青年人中风靡一时。甚至有因斗叶子(赌博)致倾家荡产者。那些青年的父兄认为冯为教唆者，群起攻之，并告到官府，使冯梦龙面临纠缠不清的诉讼。

当时正值熊廷弼罢职在家，冯梦龙乘船沿长江西上，到江夏来向老师求援。二人相见寒暄之后，熊突然问道：“海内盛传冯生挂枝儿小曲，你带了一两本送我吗？”冯十分尴尬，不敢正面回答，连声责备自己，然后道出了不远千里来求援之意。熊廷弼说：“这事不难办，不必担心。先吃饭，容我慢慢想办法。”一会儿饭菜上桌，仅枯鱼、焦腐两碟，粟饭一盆，冯梦龙见此简陋饭菜，面露难色。熊廷弼对他说：“晨选佳肴，夕谋精粲，你们吴下书生大多如此，像这样的饭菜当然是不可以款待你的。然而大丈夫处世，不应对饮食要求太高，能够饱餐粗粝的人，才是真正的英雄。”说罢自己带头大口吃起来，冯梦龙吃了一点表示意思。饭后，熊廷弼交给他一封信，嘱他顺道转交给熊的一位好朋友，求援之事，只字不提，临走时抱了个大冬瓜相赠。瓜重数十斤，冯梦龙弯腰接住，心里很不高兴。他抱不动那么重的瓜，还未走到船上，便把瓜扔了，上船鼓棹而去。

冯梦龙塑像

船行数日，在一个大镇停泊，熊廷弼的老朋友就住在那里。投书进去不久，主人即亲来船上拜会冯梦龙，并把他请到家中，华筵奇肴，妙妓清歌，盛情款待。散席后，主人向冯梦龙深深一揖，说道：“先生文章霞焕，才辩珠流，天下之士，莫不延颈企踵，欲一睹先生丰采。今有幸得先生亲降寒舍，是天助鄙人，乃三生有缘。但念吴头楚尾，两地相距遥远，简陋寒舍也不可能长久留住先生。现备有一份薄礼，以赠先生从人，望勿推辞。”冯梦龙不解其故，婉谢而别，回到船上，则见白银300两早已送至舟中。冯梦龙回到家里，方知熊廷弼已致书当道，被告之事刚被撤销。

对于熊廷弼以这样的方式帮助冯梦龙，曾有人评论说：“盖熊公心爱犹龙（按：冯梦龙字）子，惜其露才炫名，故示菲薄，而行李之穷，则假途以厚济之，怨谤之集，则移书以潜消之。英雄举动，其不令人易测如此。”

纪念熊廷弼的熊公祠

冯梦龙的《挂枝儿》，其实就是他整理的那个时代的民间情歌。试举一首《泥人》以飨读者：

泥人儿，好一似咱两个，捻一个你，塑一个我，看两下里如何？将他来揉和了重新做，重捻一个你，重塑一个我。我身上有你也，你身上有了我。

（严昌洪）

岳飞与武汉

岳飞像

在蛇山中部山顶上，有一座岳武穆遗像亭，它是为纪念南宋抗金的民族英雄岳飞而建立的。早先，在武昌城东，还有岳飞庙，始建于1170年(宋乾道六年)，当时匾额称“忠烈庙”，而后来武昌的群众习惯称为“岳王庙”，那是因为宋宁宗为激励诸将，曾于1204年（嘉泰四年)追封岳飞为鄂王。武汉人民八百多年来一直怀念岳飞，除了出于对民族英雄的崇敬之情外，还由于岳飞与武汉有着特殊的关系。

北宋末年，北方女真贵族政权金国向中原地区发动了大规模的掠夺战争。北宋政权灭亡了，新建的南宋政权在投降派秦桧等人把持下，避敌南逃，金军乘势大举南下。岳飞满怀爱国热情，投入了抗金的行列。

岳家军军纪严明，英勇善战，收复了大片失地。1134年(绍兴四年)岳家军打到湖北，收复了襄阳、郢州(今湖北钟祥)、随州等地，岳飞因功升任清远军节度使、湖北路荆襄潭州制置使，驻军鄂州(今武昌)，旋又晋封“武昌县开国子”(一种封爵称号)。岳飞在鄂州紧张地进行北伐的准备，偶得半日闲暇，登上了黄鹤楼，遥望金人统治下的北方，满怀悲壮地写下了一首《满江红·登黄鹤楼有感》。而在这之前，他曾在别的地方也写过一首《满江红》，那就是传诵千古的“怒发冲冠”名篇。有些书上说岳飞在鄂州写的就是后面这首《满江红》，可能是由于词牌相同而生的误会。《登黄鹤楼有感》全文如下：

遥望中原，苍烟外，许多城郭。想当年，花遮柳护，凤楼龙阁，万寿山前珠翠绕，蓬壶殿里笙歌作。到而今，铁骑满郊畿，风尘恶。

兵安在？膏锋锷。民安在？填沟壑。叹江山如故，千村寥落。何日请缨提锐旅，一鞭直渡清河洛！却归来，再续汉阳游，骑黄鹤。

次年，岳飞改任荆湖南北襄阳府路制置使，封“武昌郡开国侯”。

1140年（绍兴十年），岳家军从鄂州出发，大举北伐，一直打到开封附近的朱仙镇。宋高宗出于对大将的猜忌之心，秦桧害怕抗金的胜利破坏了他的议和计划，削弱了自己的权势，他们用十二道金牌把岳飞从前方撤下来，然后罗织罪名，于次年十二月将岳飞杀害于杭州狱中。

杜若华书岳飞
《满江红·登黄鹤楼有感》

岳飞的军队“将和士锐，人怀忠孝”，“冻死不拆屋，饿死不打掳”，深得鄂州人民的爱戴。岳飞死后，即使在南宋王朝的高压政策下，鄂州人民十家之中有九家都把岳飞的绘像挂在家中，晨昏奉祀。岳飞身先士卒，与他们同甘共苦，“一钱不私藏”，岳飞旧部一直怀念他，为他的冤死鸣不平。1161年（绍兴三十一年）夏，御史中丞汪澈到鄂州岳飞旧部巡视，校官们向汪澈申诉岳飞之冤，当汪表示愿向朝廷报告时，官兵们哭声如雷，纷纷表示要“为岳公争气”。

1162年宋高宗禅位，孝宗即位，立即平反岳飞冤案，追复原官，发还财产。后又在鄂州为其立忠烈庙，直至赐谥武穆。宁宗时又追封鄂王。岳飞“再续汉阳游，骑黄鹤”的愿望虽未实现，但他却永远活在武汉人民心中。

（严昌洪）

张之洞轶事

清代官场中人，爱玩古物成风，湖广总督张之洞尤酷嗜此道，自命精于古物的鉴别。由于当年古玩的行情好，利润巨大，仿古的赝品也应运而生，而且达到了乱真的程度。有一年，张之洞在京以高价购得一古鼎，斑烂璀璨，价值连城，张极为得意。回鄂时大张筵席，请僚属共同欣赏。置鼎于案，插梅花一枝于鼎中，注水少许以润花。不意酒过三巡，鼎下竟有水徐徐流出，满堂惊愕而大为扫兴。经仔细检查始知鼎非古铜所制，而为纸板仿制。张始知为古董商所骗。此事一时被传为笑柄。

办公时的张之洞

张之洞饮食起居与常人有所不同。他每天下午 2 时始入睡，至晚 10 时乃起治事。幕府中人及僚属有事请谒皆在深夜，甚至候至天明始获传见。总文案李文石每日入署办公，皆在晚上 10 时以后。与张之洞商洽公务，往往谈至翌晨出署。有时会客谈话未已，张之洞忽然闭目假寐，甚至沉鼾，置客不理。客人不好惊动，只可退出。为此，大理寺卿徐致祥还参劾他辜恩负职，奏疏中说："兴居不节，号令无时。"清廷谕令李瀚章查明具奏，李瀚章复奏回护，措辞极妙，说："誉之者则曰夙夜在公，勤劳罔懈。毁之者则曰兴居不节，号令无时。既未误事，此等小节无足深论。"轻描淡写地就给他掩饰了过去。

在饮食方面，张之洞最嗜食鲜果及糕点、蜜饯等物，其办公桌旁设有小几，上置各种鲜果、糕饵十余盘，以备随时取食。每日正餐亦必设水果数盘及中外佳酿若干种，先以果类佐酒，饮毕而后进餐。蹲椅上据案而食，不喜垂足而坐。

张之洞还喜爱养猫。卧室中常有数十头，每亲自饲之食。猫有时遗矢于书上，辄自取手帕拭净，不以为秽。而且还向左右侍者说：“猫本无知，不可责怪，若人如此，则不可恕。”由此可见他对猫的偏爱与宽容。

1909年（清宣统元年），张之洞在北京逝世，终年73岁。全国朝野送挽幛者甚多。其中有一副挽联写道：

死者长已矣，云门石甫同怅望；
魂兮归来乎，朝云暮雨各凄其。

此联中之云门、石甫，皆是张之洞的得意门生，即樊增祥、易顺鼎之号。联文寓讥诮二氏之意。朝云、暮雨据传是张的两妾之名。

张之洞出身于官宦之家，本人科举及第又早，很少知道稼穑的艰难与寒士的困窘。他常说：“未必一个人二三十两银子都没有么？”加上他心性高傲，创办新政，讲究排场；爱好玩赏古董字画碑帖；经常请客宴会，诗酒流连；喜欢送礼赏赐，所费不赀。如此，一年到头结算下来，往往入不敷出，陷于窘境。到年关时手头拮据，张之洞便命人拿物去当铺典质。张之洞去世后，朝廷赐谥号文襄。无遗产，家境不裕。他的门人僚属早知道这种情况，所以致送赙仪都比较重，张家所办丧事也就全赖这笔钱，治丧下来所剩无几。人们谈及此事时说：“一生显宦高官，位极人臣，而宦囊空空，可称廉介”云云。

张之洞像

（喻枝英）

“床下都督”黎元洪

1911年10月17日，湖北军政府门前祭坛高筑，祭坛前香烟缭绕，坛上黄帝轩辕氏灵位庄严肃穆，灵前摆设香案，陈玄酒，旗立两侧，鼓乐喧天，湖北军政府都督黎元洪跪读祝文，三军鸣枪，全体跪拜，三呼万岁。这是湖北军政府祭黄帝仪（一说为祭天大典）的盛典，也是黎元洪视职的庆贺大典。

青年黎元洪

辛亥革命首义取得成功，照理说应该推选一个有才干，孚众望的革命中坚人物出来担任新政权的首领，以便把革命进行到底。但湖北的革命党人却拉出一个与革命毫无渊源，且一直视革命为大敌的旧军官黎元洪来作为军政府的都督。关于此事之颠末，外间传说不一，至今几成疑案。特别是关于革命党人把他从床底下拖出来推上都督宝座的故事，一直在社会上传得沸沸扬扬，黎元洪因此而有了“床下都督”的雅号。

有的革命党人回忆说，武昌起义爆发后，黎元洪及其他的湖北军政要员纷纷躲藏逃跑，省城很快被革命军控制。当时，黎元洪躲在姨太太黎本危的床底下，被部下马队第一标第一营的排长萧夔增知道。萧带班长虞长庚把黎元洪从床底下拖出来，用手枪逼着黎元洪来到省谘议局（即今阅马场红楼），将其关押在楼上，并派兵守卫。黎当时吓得魂不附体，一言不发，像个木菩萨。有的人是另一种说法：武昌起事后，黎元洪更换便衣，由执事官王安澜带领，躲到黄土坡刘文吉参谋家中，当革命军闻讯找来时，黎元洪吓得躲到房里蚊帐后面，又从帐后钻入床下，革命军马荣将子弹上膛，命他出来，黎元洪见再也无法躲避，只好从床下爬出来，最后被革命军推上了湖北军政府都督的席位。以上两种传说，反映了黎元洪被胁迫参加革命的事实。

担任湖北都督时的黎元洪

就在武昌起事的第二天早晨，革命军在黄土坡找到了黎元洪，当即将他带到楚望台，接着又拥至谘议局，让他出任都督，但黎元洪执意不肯接受。他说："此举事体重大，务要慎重。我不是革命党，我没有做都督的资格，够资格的是孙文，你们何不接他来担任都督。"这时，革命军将预先拟好的安民告示拿出来要黎元洪签字，黎元洪像怕被蛇咬一般，连声说"莫害我，莫害我！"黎元洪这种消极抗拒的态度激怒了周围的革命党人，他们气愤地骂道："黎元洪不识抬举，是满清的忠实走狗。""干脆给他个枪子儿吃算了。"在场的李翊东也大怒，他举枪对着黎元洪吼道："你本是满清奴才，当杀！我们不杀你，举你做都督，你还不愿意。你甘心做清朝奴才，我枪毙你，另选都督。"说着就要扣动扳机，吓得黎元洪面无人色，出了一身冷汗。此后几天，黎元洪一直是不思茶饭，缄默不语，他抱定主意既不再做清朝官吏，亦不愿担任革命军职务。直到 10 月 13 日黎元洪仍不肯就任都督，革命军只好将他软禁在军政府。他整天愁容满面，心思重重，心想，这下可完了，朝廷把我当叛徒，党人把我当囚徒，妻妾儿女，不得见面，如有手枪在身，莫如饮弹自尽，一死了之。由此可见，当时黎元洪消极抗拒的决心之大。

然而，随着革命形势的发展，随着汉口、汉阳的先后光复，以武昌为中心的革命大有形成波澜壮阔之势，在这种形势下，黎元洪看到武汉三镇已归民军掌握，于是，他的态度也开始有了一些变化，这个变化的首要标志就是剪掉长辫。

10月13日，革命军的炮队击退了清政府的兵舰，黎元洪得知此消息后，表面上一副苦脸，但暗中已开始盘算，准备接受革命军的要求。这天下午，他开口同革命党人甘绩熙和陈磊说起话来。甘说："你这几天总是苦脸对待我们，太对不起我们。我们抛头颅、洒热血，换来今天成绩，抬举你做都督，革命成功了，你可做华盛顿，革命不成功，你可做拿破仑，你很讨便宜呢。你再不下决心，我们就以手枪对你。"黎元洪答复说："年轻人说话不要太激烈，我在此近三日，有什么事对不起你们？"陈磊接着说："你的辫子就对不起我们，现在武汉三镇人人都剪辫子，你身为都督，就该做个模范，先剪掉辫子，以表示决心。"黎此时也顺水推舟地说道："你们不要如此激烈，我决心与你们帮忙就是。你们说要剪辫子，我早有此意，你们找个剃头匠来，我把辫子剪去就是了。"黎元洪说他早有此意，一点不假。1910年底，湖北陆军四十一标二营学兵李佐清以发辫于操作上大有妨碍，毅然剪去。黎元洪知道后没有给予处分，还安慰他说："我国朝野上下，近因受外界之刺激，于剪发一事几乎风靡一时。余本欲先行剃去，以为军界同人倡，因明诏未颁，故尔中止。今尔毅然剪去，免豚尾之讪笑，导文化之先机，匪惟社会所欢迎，亦即余所崇拜也。"

黎元洪墓

甘绩熙见黎元洪愿意剪辫，立即报告有关方面，并请来了剃头匠。剃头匠请示道："都督剪去辫子，留多长头发？"黎元洪答道："剃个光头"。不到半小时，剃头匠便给黎理了个光头。这时的黎元洪头是圆的，肩是圆的，身子也是圆的，肥头大耳，顶放青光。蔡济民在旁打趣道："都督好像个罗汉。"黎元洪嘻嘻一笑说："像个弥勒佛。"一句话惹得周围开怀大笑。黎元洪去掉发辫后，吴兆麟还特地买回一挂鞭炮，以示庆贺。接着士兵们请去掉长辫的黎元洪训话，黎元洪说道："元洪不德，受各位抬举，众意难辞，自应受命。我前天未下决心，昨天也未下决心，今天上午也未下决心，现在是已下决心了。无论如何，我总算军政府的人了。成败利钝，生死以之。"黎元洪的一席讲话赢得了与会者的热烈掌声。正是由于有了这种转变，也才有了 10 月 17 日祭天大典中黎元洪的就职表演。以上就是黎元洪任湖北军政府都督的一段曲折经过。

（喻枝英）

“地皮大王”刘歆生

“都督创建了民国，我则创造了汉口”。这是民国初年汉口地皮大王刘歆生在面谒中华民国湖北军政府都督黎元洪时大言不惭的自吹。

晚年刘歆生与家人合影

刘歆生，乳名刘祥，派名人祥，别号歆生，清光绪初年生于湖北省汉阳县柏泉刘家嘴（现属武汉市东西湖区）。幼年家贫，为人赶放鸭群，后随其父刘作如来汉谋生，替人放牛挤奶。他的祖父和父亲都是天主教徒，他成年后也受洗入教，并逐渐学会了英语和法语。后通过教会关系进太左瑜洋行充职员。1899 年，20 多岁的刘歆生因八面玲珑，善于钻营，被正在汉口设行开业的法商看中，一跃而为立兴洋行买办。1902 年又兼任法国东方汇理银行汉口分行买办，随后他独自开设阜昌钱庄，充当“二道贩子”，从东方汇理银行汉口分行借入低利放款，再以高利转借贷出，从中牟取暴利，开始发财致富。接着又在襄樊等地设庄收购白芝麻，再由汉口运往上海出售，贱买贵卖，为数又多，几趟生意下来，竟赚了纯利纹银 50 万两，经济实力更加雄厚，大大提高了他在商界中的地位。

刘歆生在同西商的交往中，听说汉口市场将日益发展，周围毗连的地皮必将因此而大涨其价，就认定有利可图。加上其义兄，时任上海立兴洋行买办的刘长荫的怂恿，他便决定投资经营地皮。自有资金不足，便向其他银行、钱庄大量贷款。

当时，汉口上至硚口下至沙包（今一元路）的城垣，尚未撤除。城墙之外一片湖沼，城基之内也多是水凼土垱，一般人很少注意，他则大量购进。后湖的土地，在张公堤未修之前，一到夏初水涨，即成水乡泽国，每年仅能争取一季收成。农民急于卖地度日，刘歆生便先在四界插旗杆为标，然后乘船沿线按划桨次数为计量单位，以每桨一串或 800 铜板的低价购进。1905 年张公堤建成后，堤内大片低洼地不再受水泛之灾，变成了良田。刘歆生所买到的上自舵落口，下迄丹水池，西抵张公堤，南至铁路边的地皮，便奇货可居了。

1907 年，汉口拆去城墙，修建后城马路（今中山大道硚口至江汉路一段），刘歆生所购后城内外的大量地皮，又等到了发财的机会。他在循礼门车站外开设了一个铁工修理厂，雇用廉价劳动力，专门安装修配自用的轻便铁轨和运土机车，并有计划地运土填基。随后又大兴土木，依据地势和街道的不同方向，分别在现江汉路由胜利街口起至铁路两边以及生成里等地建成铺面和住宅，租给别人使用，收取利润。

昔日歆生路如今叫作江汉路步行街

与此同时，刘歆生还承包了英租界填基筑路的土方工程。当时英租界当局为了便利交通，繁荣租界内的市场，拟自长江边一码头起，经太平街（今武汉关至鄱阳街口），再由后花楼街口起，向西延伸修一条直街，以接通湖南街（现胜利街）、湖北街（今中山大道江汉路以下）。因经过的这一段土地属刘歆生所有，几经交涉，刘歆生提出让基筑路可以，但必须以他的名字作路名，英租界当局同意了他的要求，故此路建成后，便命名为歆生路(现江汉路)。刘歆生同时与这条路向南垂直开辟歆生一路、二路、三路(现江汉一、二、三路)，把这块地皮与繁华街市连接起来。接着，他在与汉口商界殷实户发起开辟建设汉口模范区(今江汉路起，下至大智路，西至铁路边，东至中山大道)时，又在今南京路北段开辟一条马路，并以其长子之名命名为"伟雄路"。这时，上自今民意路，下至江汉路和中山大道外侧，直至大智路，经他逐渐整理经营成铺面栉比鳞次的街市。同时还为其他业主把所有在这一段的地皮，统统整理成为地基，建成大片住宅，构成闹市的雏形。而他所有的地皮价格和房屋的租赁率也大为提高，获利甚巨，成为名副其实的"地皮大王"。

（朱务本）

萧楚女、李四光改名趣谈

萧楚女铜像

被董必武同志誉为“马克思主义的宣传家、党的理论战士、青年的明星”的革命烈士萧楚女，原名萧秋，1896年（清光绪二十二年）秋生于湖北汉阳县城区鹦鹉洲（今属武汉市汉阳区）一木材商人家庭。13岁时即在汉口、武昌的杂货铺和茶馆里当学徒和堂倌，后曾到九江、芜湖、南京、上海等地当过小贩、报童、水手和伙夫，备尝险阻艰难。1911年，15岁的萧秋投身湖北新军，武昌起义后参加汉阳保卫战。不久，辛亥革命失败，萧秋目睹山河破碎，国势险危，悲愤交集，忧心如焚，曾喟然长叹：“大江滔滔，何处是归程？我有救国的志向，又怎样能找到正确的道路呢？”有一天，当他独自沿江堤散步，低头吟诵着古楚国诗人屈原《离骚》中“忽反顾以流涕兮，哀高丘之无女”诗句时，似乎觉得这诗句也唱出了自己心灵深处的苦闷。在他看来，女性者，乃伟大、纯洁的象征也，于是，他取了屈原诗句中的“女”字，前面冠以生养自己的故土的名称“楚”，作为自己的名字，暗寓救国救民的伟大抱负和愿望。

改名以后，萧楚女常在报上以“楚女”为笔名发表文章。他文思敏捷，笔锋犀利，见解卓越，思想先进，因而他写的文章，颇受读者欢迎，在青年中广为传诵。不知情者纷纷来信，或打电话到有关报社，要求见一见这位才华横溢、文采华美的“妙龄女郎”，当面求教；有的甚至写信向他求爱。为此，萧楚女不得不登报声明“楚女”并非女性，更不是“妙龄女郎”，以消除误会。

说到李四光，大家都知道他是我国著名的地质学家，地质力学的创始人，而对于他名字的来历，知道的恐怕就少了。

李四光铜像

李四光，原名李仲揆，1889年（光绪二十五年）10月26日生于湖北黄冈县回龙山街下张家湾一贫寒家庭，幼时靠打柴为生，但他勤劳好学，聪敏灵巧，因而他向父母提出想进省城读书时，父亲李卓侯二话不说，走东家，串西家，硬是向乡亲借了一笔路费，资助他去考武昌高等小学。1902年冬天，李仲揆告别父母，独自来到武昌水陆街湖北省学务处报名，准备参加考试。因初到大城市，心情不免有些紧张，在填写报名单时，李仲揆误将姓名栏当成年龄栏，写了"十四"两字，当他发觉填写错了时，因无钱再买表格，便将"十"字加上几笔改成"李"字，把名字写成"李四"。但转念一想，"李四"这名字太俗，不好听，正在为难时，抬头看见中堂上挂着一块写有"光被四表"的横匾，不觉计上心来，在"四"字后又加了个"光"字，他想，四面都有光明，这意思很好。从此以后，李仲揆便叫做李四光了。

（朱务本）

孔庚监狱写春联因祸得福

孔庚，别号雯掀，湖北浠水县人。幼年读书，颖悟过人，属文敏捷，很有才气。年未二十考上秀才。但他却反对科举制度。后来他在本县联络一些青年读书人，捣毁本县儒学，被捕解省，羁押于武昌府候审处。

孔庚像

时当岁暮，孔庚嘱狱吏购红纸，书写如下春联，张贴牢房门侧：

天将丧斯文，未丧斯文，羑里示良谟，玉汝于成担大任；

我不入地狱，谁入地狱？神州沉苦海，问君何术救同胞？

上联中的"羑里"，即囚禁周文王的地方，在今河南汤阴县北。此联贴出后，同狱者谓其胆大妄为，必招巨祸。越数日，适张之洞的亲信、代理臬司兼学务处总办梁鼎芬年终巡监，一见此联，大为吃惊。便询问狱吏此联是何人所写，并当即指示此案由他亲自提审。过年后，梁果然亲自提讯。梁对孔说："你是个读书人，应好好读书，为何犯上作乱捣毁儒学？姑念你年轻盲从妄动，免于追究。"接着又说："你有才，为了使你上进，自新，我批准你进经心书院深造。"孔庚听了，喜出望外，万分感激。当即回答："学生还有老母在家，我被押后，母亲日夜啼哭，请求准我回家省母后，再回省就学。"梁鼎芬听了，欣然同意，掀髯（梁是大胡子，时称梁胡子）叹曰："好呀，有孝子才有忠臣，有忠臣才有孝子。准假一月让你回家探视。"

由于梁鼎芬的赏识和推荐，孔庚在书院学习毕业后，又以官费留学日本士官学校，并参加同盟会。辛亥革命后，孔庚历任大同镇守使、湖北省政府委员、建设厅长、民政厅长、国民参政员等职。他一直到晚年还念念不忘梁鼎芬对他的知遇之恩。

孔庚于1950年2月病逝于武昌,终年78岁。

(草原)

省主席当县秘

因行径奇特轰动故里而被乡人冠以“疯子”绰号的湖北沔阳人张难先，字义痴，生于1874年，是著名的辛亥革命元老，曾先后出任国民党政府时期的广东省政府委员兼土地厅长、湖北省政府委员兼财政厅长、南京政府考试院铨叙部长、浙江省政府主席、湖北省政府委员兼民政厅长、国民党参议员等职。解放后任中央人民政府委员、中南军政委员会副主席、全国人大一、二、三届常委、政协全国委员会常委。他与湖北阳新人石瑛、湖北麻城人严重，被世人并称为“湖北三怪”。“省主席当县秘”即是发生在张难先身上的“怪”事之一。

张难先画像

1931年12月，张难先卸去浙江省政府主席职务，于次年初漫游西安、洛阳后回到武汉。5月中旬，湖北省民政厅长朱怀冰委任张之老友范一侠为沔阳县长。当时，地势低洼的沔阳经1931年大水灾，生活极其艰苦，居民相率迁徙，十室九空，又有谁愿意到这个地方去呢？故范一侠连一个适当的幕僚也找不到。一日，范去拜访张难先，张很惊讶，问道：“你为何还没有去？”范一侠据实相告：“沔阳情况不好，延聘秘书科长，均无人愿往，我一人如何能去？”张难先沉思了一会道：“我同你去，做你的秘书。”范以为他是开玩笑，大笑而去。没想到第二天，张难先竟携上行李到范一侠住处，促其上路。范见其意坚决，也就不相推让。由此，张难先竟以卸省主席职务的耆宿身份，不惜纡尊降贵，当了一个半月的县政府秘书，成为当时人们茶余饭后之笑谈。武汉的报纸，还以醒目的大字标题，刊登了“省主席屈就县府秘书”的消息。

（朱务本）

张少帅主持球赛

解放前汉口博学中学(今武汉四中)的足球队不仅是一支蜚声武汉足坛的劲旅,而且在中南五省也颇有名气。因此便引出了一则在20世纪30年代中期张学良在博学主持球赛的趣闻轶事。

青年张学良

1934年初,张学良和夫人于凤至到武汉,东北大学的足球队流亡关内,也追寻少帅的足迹来到了武汉。他们是怀着乡土失陷、背井离乡的痛苦心情来汉的。那时,"博学"的足球队正远征湖南长沙,长沙4支强队轮番出战,但"博学"小将,力战群雄,过关斩将,奏凯而还。张学良听了这一消息,十分高兴,并想到了东北大学的流亡学生的处境,便动了借体育比赛振奋人心的念头。遂把东北大学的足球队请来,向博学中学下了战表,约定4月中旬的一个星期天举行友谊比赛。

比赛那天,风和日丽,早在开赛前的几个小时,球迷们就纷纷起来了。位于张公堤畔宽阔的博学中学足球场,早被球迷们里三层外三层围得水泄不通,来得稍晚的人们只好在张公堤上顺坡或坐或立。不少老先生还带来了茶壶酒瓶。这天来看球赛的约3000余人。好客的武汉人民既想看关外同胞与江城子弟在球场的较量,更想亲眼目睹一下张学良将军这位少帅的风采。

不一会,张学良和夫人轻车简从来到博学中学,两人仪容端庄,态度和蔼,从列队欢迎的学生队伍中,鼓掌通过。少帅夫妇来到大操场,上了司令台,满场欢声雷动。张公堤上的人,都自动地站了起来,争睹少帅风采。只有在树上的人看得最为清楚。那时，张将军的保卫人员，看到树上有人，十分紧张，大声呼喝“妈拉巴子”，要他们赶快下来，保障少帅安全。可这些人拒不服管，双方各不相让。后经接待人员多方说明，他们是热情好客的球迷，不会对少帅的安全构成威胁，风波始告平息。

张学良主持过球赛的博学中学

双方入场，练习攻门，银笛一鸣，双方布阵。按照赛前的约定，这场比赛由张将军中场开球，当裁判哨声吹响后，少帅用轻盈灵巧的脚法，把球向左侧一拨，球便向中线不偏不斜滚去，观众无不齐声喝彩。博学队人虽小，但占尽了天时、地利、人和，踢球技术又好，最后以头球破门，赢了东北队。满场球迷，兴高采烈，欢声震天。

那天张将军和夫人坚持把球赛看完，在运动员和裁判员退场后，才在观众欢呼声中，乘车离去。

后来，少帅传话，说中学生能敌大学生，“博学”名不虚传，应予嘉奖。来年请校长带队，到东北再赛。当时，人们议论纷纷，认为张将军雄心不小，可能想从日寇手中夺回东北，恢复我中华领土。这使博学师生，十分感奋，当时有学生即兴赋诗一首云：

盘旋冲刺建头功，战场球赛本相通。

若无三千父老助，遂教胡马渡云中。

张学良与蒋介石

以球赛议论时事，暗示要战胜日寇，不许敌人南下，一定得广泛深入地发动群众，才能达到目的。青年学生有此见解，这在当时是难能可贵的。

（陆川）

“珞珈山美人”凌叔华

一、《酒后》成名

凌叔华是中国现代著名女作家兼画家。原名凌瑞棠，叔华、素华、素心是其笔名。1900年（清光绪二十六年）3月25日生于北京一个仕宦与书画世家。其父凌福彭系广东番禺（今广州）人，与康有为是同榜进士，点过翰林，当过京官，喜欢书画，清末民初许多俊彦之士都曾是他家座上宾。凌叔华生长在这样一个家庭，从小受到诗书画的熏陶，康有为为她题过字，辜鸿铭教过她英文，齐白石教过她画画。父亲想让她在绘画方面发展，她曾拜慈禧宠爱的女画师缪素筠为师，也正式师从著名画家王竹林、郝漱玉学画。1914 — 1917年在天津女师读书时，与邓颖超、许广平是同学。冰心则是她在燕京大学预科的同窗。她后来肄业于燕大外文系，周作人是她的老师之一。

使凌叔华成名的小说《酒后》

1924年，她在《晨报》副刊发表小说《女儿身世太凄凉》，从此步入文坛。1925年在《现代评论》上发表的小说《酒后》，是她的成名作与代表作。小说写的是一对喝得微醺的年轻夫妇，面对因醉酒而睡在他们家大椅上的朋友时所产生的复杂情感。妻子早已倾慕于那位朋友，只是因他已婚而没敢露出爱慕的意思。现在沉醉在幸福中的她面对家庭生活并不如意的朋友，不禁动了深切的不可抑制的怜惜情感，产生了不表达出来就不舒服的冲动。她竟要求丈夫同意她去 kiss 他，作为丈夫送给她的新年礼物。当丈夫经过思想斗争终于同意后，她却胆怯了，回到丈夫身旁，并说“我不要 kiss 他了”。该文发表后受到日本人重视，被译成日文在日本著名杂志《改造》的中国专号上刊出。后来鲁迅编《中国新文学大系》，在小说二集的序言中评论包括《酒后》在内的凌叔华作品。这篇小说的风格使她被人称为“酒后派”。她的主要作品集有《花之寺》、《女人》、《小哥儿俩》、《爱山庐梦影》和《古歌集》等。

凌叔华与陈源

凌叔华的丈夫是因北京女师大学潮与鲁迅打过笔仗的陈西滢(陈源)。1924 年泰戈尔访华时，有一天与北京的一群文人都到了凌家小聚，陈西滢也在座，凌叔华便结识了陈西滢。他们经过恋爱于 1927 年结婚，1929 年双双来武汉大学任教，陈西滢任文学院院长，凌叔华任国文系教师。他们住在珞珈山半山腰一幢小楼里，并有了他们的独生女儿陈小滢。凌叔华因美丽聪慧，被人誉为“珞珈山美人”。抗战期间，武汉沦陷前，随武汉大学疏散到了四川乐山。1947 年陈西滢出任中国驻联合国教科文组织代表，凌叔华随丈夫出国。此后长期旅居国外，曾在法、英、美、加等国和南洋生活和工作，一度以教书和卖画维持生活。晚年定居英国。1989 年因患乳腺癌回国治疗，1990 年病逝于北京，真正做到了叶落归根。

二、改造“沙漠”

20 世纪 30 年代，武汉有一张国民党控制的报纸《武汉日报》，它的副刊《现代文艺》却是由在武汉大学执教的部分作家发起创办的，凌叔华担任主编。《现代文艺》是一个周刊，每周星期五在《武汉日报》上刊出。它创刊于 1935 年 2 月 15 日，终刊于 1936 年 12 月 29 日，共出版了 95 期。

由于凌叔华担任主编，珞珈山三女杰（袁昌英、凌叔华、苏雪林）唱主角，该刊女作者之作品差不多占了刊物一半的篇幅。除了以上三位外，著名女作家还有陈衡哲、冰心、罗洪、沉樱、杨刚等人。男作者中知名作家和学者更多，有陈西滢、沈从文、朱光潜、卞之琳、胡适、萧乾、俞平伯、严文井、戴望舒、李蕤、靳以、巴金、李健吾、赵景深、朱东润、孙大雨、吴世昌、陈瘦竹、卢焚、李辉英、王西彦、杨振声、林庚等。该刊《停刊之词》不无自豪地说："作者人名之多，范围之一，可以说是本刊的一种特色"，"恐怕不容易找到几个刊物能够容纳这许多不同的名字吧？"凌叔华本人在该刊发表的作品和文章有《异国》（第 4 期）、《红红的冬青》（第 18 期）、《西京日记几页》（第 19 期）、《开瑟琳》（第 23 期）、《图书介绍——〈十七岁〉》（第 29 期）、《转变》（第 31，32 期）、《心事》（第 35 期）、《小哥儿俩序》（第 38 期）、《春的剪影》（第 56、59 期）。徐志摩的六首遗诗也是经她的手在该刊发表的。

袁昌英

凌叔华

苏雪林

在《停刊之词》中，该刊同人认为他们在发刊词中提出的五个宗旨，第一、二两点是完全做到了，第三、四点虽然不敢说完全达到了自己的希望，但一直在向着这目标走。只有对第五点"希望对华中文艺空气的造成可以有点帮助"，也即是要改造武汉文化沙漠的目标，"承认自己是失败了"。

今天的武汉并非"文化沙漠"，但也并非"锦天绣地的乐园"，我们可以从凌叔华们要改造武汉文化沙漠的努力中得到启发，应该充分利用包括

“首义之区”在内的各种优势：地理位置优势、交通枢纽优势、历史文化优势，加强武汉的文化建设，让武汉成为“可以供人生道途上倦客片时的休息”的“一块绿洲，一泓清泉”，华中地区的一片“锦天绣地”。

三、身后“烦恼”

引起凌叔华身后“烦恼”的《英国情人》（原名《K》）书影

旅英重庆女作家虹影近年写作出版了小说《K》。该书写“程”、“林”夫妇和朱利安的三角关系，说程是性无能者，林是“白虎星”荡妇。朱利安则称林为“K”，K在英文字母表中排第11位，林是他的第11位情人。书中大量描写林与朱利安的性事。该书出版后惹出一场名誉权官司。

事出有因。凌叔华在武汉大学工作期间，曾与在武大教书的英国著名女作家弗吉尼亚·吴尔芙的外甥朱利安·贝尔（当时也在武大任教）有过一段婚外情。陈西滢与凌叔华的独生女儿、苏格兰中国协会公关部长陈小滢认为小说中的程、林影射了自己的父母陈西滢、凌叔华，不仅侵犯了凌叔华的名誉权，还给自己造成很大的精神痛苦，一纸诉状将虹影告上了中国法庭。此案一波三折，目前尚未了结，我们将拭目以待。

凌叔华怎会知道，自己死后还会出现这样的“烦恼”。

（严昌洪）

中国名城掌故丛书

◎武汉掌故

Wuhan Zhanggu

艺坛撷英

“画状元”吴伟

吴伟（1459—1508），明代江夏籍画家，字士英，一作世英，号鲁夫，更字次翁，又号小仙。自幼失怙恃，龆龄流落海虞（今江苏常熟），被布政使钱昕收养于家，陪伴其子读书。吴伟经常偷偷地玩弄笔墨，学画山水人物。有一次作小画一幅，在画上题字曰：“白头一老子，骑驴去饮水。岸上蹄踏蹄，水中嘴对嘴。”他当时年仅7岁。钱昕见画，十分惊奇，便问他：“你想做画工吗？”吴伟点头称是，钱昕立即拿了许多好笔好纸给他，并在生活上给予优厚的待遇，以培养他成材。传说吴伟幼时曾戏为师母画肖像，老师知道了，大发雷霆，把他臭骂一顿，画像当然被收缴去了。后来师母去世，老师想画下夫人的像作为纪念，谁知画了多少张都不像，最后竟用吴伟所绘的肖像供奉堂上。

弱冠之年，吴伟到了金陵（今南京）。虽未拜师而所画山水人物已达出神入化的地步，画名日起，明成化年间（1465—1487年），被成国公朱某延至幕下。一见面即以“小仙”呼之，因以为号。宪宗皇帝召至京城，授锦衣镇抚，供奉仁智殿。吴伟性格戆直，有气岸而豪放，好剧饮狎妓。有人若要得到吴伟的画，那么载酒携妓前往，一定能如愿以偿。一天，吴伟喝得酩酊大醉，突然被皇帝召见，只得蓬首垢面，踉踉跄跄前行，由中官扶持入殿，向皇帝行礼，宪宗见状大笑，命他速作一幅松泉图。吴伟下跪时不慎弄翻墨汁，便信手涂抹，一会工夫画成，只见苍松挺拔，清泉潺潺，风云生屏幛间，颇得自然之趣，周围人看了，无不露

画状元吴伟的作品

出钦佩的神色，宪宗感叹道："真仙人也。"

吴伟出入宫廷，奴视权贵，一些人求画又多不给，于是得罪了不少权势人物，他们在皇帝面前常常揭其短处，终于被放归金陵。明孝宗即位后，再次被召入宫中，奉命作画，得到皇帝嘉奖，授锦衣卫百户，并赐"画状元"印章。两年后因病乞归，居金陵秦淮河之东岸。

吴伟作品《北海真人图》

吴伟画人物出自吴道子，纵笔不甚经意，而奇逸潇洒动人。画山水树石均作斧劈皴，现藏故宫博物馆的《灞桥风雪图》为其代表作。他的画宜作祠壁屏幛。曾游山西杏花村，剧饮后口渴难当，向一老妪讨了一杯茶喝。第二年再过杏花村，好心的老妪已去世了，吴伟提笔追写其像，聊表怀念之情。老妪之子看见母亲遗容，栩栩如生，不觉悲从中来，抚画大哭，向吴伟求得肖像珍藏，千恩万谢。还有一次，吴伟在友人家宴饮，酒酣作画，戏取莲房（莲蓬）蘸上墨汁，在纸上印下几处圆形的墨痕。众人皆不知他的用意，正纳闷间，只见吴伟忽地站起，纵笔挥洒，立成一幅捕蟹图，非常神妙，赢得一片喝彩声。

孝宗喜欢马（远）、夏（珪）画风，而画院中戴进、吴伟均承马、夏，成为一时风尚，号为"浙派"（马远、夏珪均为宋时浙江钱塘人）。吴伟不忘祖籍，又自号"江夏派"。以后师吴伟画法者日多，江夏画派逐渐壮大，浙派渐归澌灭。

1508 年 6 月（正德三年五月），明武宗遣使召见。吴伟剧饮之习未改，使者到后，仍沉湎酒色，尚未出发，便中酒而死，时年五十。

（严锴）

抗战电影与《抗战电影》

1938年1月29日，在阳翰笙的倡议下，会聚武汉的电影界人士成立了中华全国电影界抗敌协会。这是一个包括国共两党及其他各派中政治倾向不同但赞成抗日的电影工作者在内的统一战线组织，目的是要让每个电影工作者锻炼成民族革命战争中的勇敢的斗士，将自己献给祖国，将自己的工作献给神圣的抗战；要使每一部影片成为抗战的有力武器，使它深入军队、工厂和农村，作为训练民众的基本的工具，从而建立一个新的电影的战场。

2月6日，国民政府军委会政治部在武昌正式成立。不久，原"汉口摄影场"改组扩充为"中国电影制片厂"（简称"中制"），隶属由郭沫若任厅长的政治部第三厅领导，从事抗战电影的摄制工作，阳翰笙担任编导委员会主任。

抗战电影《八百壮士》剧照

从1938年1月至10月，通过中华全国电影界抗敌协会和广大电影工作者的努力，"中制"共摄制了3部故事片和50部纪录片、新闻片、卡通歌曲片。这些影片在动员民众，鼓舞士气上起到良好的作用，有的还曾送到国外放映，引起了强烈反响。故事片《保卫我们的土地》（史东山编导，舒绣文、魏鹤龄主演）系 1938 年 1 月在武汉摄制完毕，它以“九一八”到“八一三”历史为背景，描述农民刘山一家，在宁静的田园生活被“九一八”战火摧毁之后，辗转南逃，并经 6 年艰辛而重建家园，满以为从此可以安居乐业，没想到“八一三”的炮声又把他这种美好愿望化为过眼云烟，使他醒悟到中国之大，“跑到哪里都跑不了”。于是他毅然奋起，义灭充当汉奸的胞弟刘四，带领乡亲们投入了保卫土地的战斗。影片公映后，引起很大的震动。《新华日报》连续发表消息和文章，称赞这部影片的“每一句话都深深地刺入了我们的心坎”，是“一部崭新的国防电影作品”。它如故事片《热血忠魂》（袁丛美编导，高占非、黎莉莉主演）、《八百壮士》（阳翰笙编剧，应云卫导演，陈波儿、袁牧之主演）及纪录片《台儿庄歼灭暴敌》、《平型关大捷》、《上海血战史》、《中国空军远征日本凯旋记》等等，都形象生动地向人民展示了前方的战斗生活，有力地鼓舞了军民的爱国热情和同仇敌忾的抗战精神。

《抗战电影》编辑伊明像

为了宣传抗战电影，并从理论上对抗战电影的制作加以指导，以使轰轰烈烈的抗战电影活动更好地开展起来，1938 年 3 月 31 日，作为中华全国电影界抗敌协会的会刊，《抗战电影》杂志在武汉创办，创刊号刊载由主编唐纳执笔的《发刊词》，指出抗战以前电影艺术方向中所存在的弊端，欢呼新的抗战影片的诞生，斥责“眼睛吃的冰淇淋，心灵坐在沙发椅”的“软性电影”的恶劣影响，指出：“看看别一方面罢，神怪武侠片在东北的流行，早已没有人要看的《火烧红莲寺》等等又在上海放映了，‘软性电影’论者中的个别分子竟堕落到成为日本利用的工具，受日本的津贴和指使来摄制麻醉同胞的‘软性电影’了。”《发刊词》最后还号召中国电影艺人“以开末拉来建立一个民族独立民权自由和民生幸福的新中国”。但是，总的来看,《发刊词》内容比较空泛,也没有提出刊物的编辑方针和具体任务。

《抗战电影》报道了当时在武汉摄制的抗战故事片和新闻纪录片情况以及国内其他地方的电影动态和消息,并在《关于国防电影之建立》的专题下,发表了阳翰笙、史东山、袁牧之、应云卫等10余人的讨论文章,就国防电影的提出、意义及开展等问题,各抒己见,展开争鸣。此外,它还登载了剧照及新闻纪录片图片等共91幅,可谓内容丰富,图文并茂。

《抗战电影》是迄今为止我们能够看到的抗战时期全国唯一的一份电影专门期刊,虽然仅出一期即告终刊,但在研究中国电影艺术发展史上,其价值弥足珍贵。

(朱务本)

《放下你的鞭子》在武汉街头

崔嵬与张瑞芳表演街头剧《放下你的鞭子》

1937年“卢沟桥事变”以后，我国全面抗战爆发，但由于蒋介石抗战不力，北平、上海、南京等大城市相继沦陷。当时，许多著名作家、艺术家，如田汉、洪深、阳翰笙、崔嵬、郑君里、赵丹、金山、舒绣文等云集武汉，在共产党的领导和推动下，利用戏剧等各种艺术形式唤醒民众，掀起了抗日救亡运动的高潮。

当时，在汉的作家和戏剧家们，除创作和演出大师的京剧、汉剧、楚剧以及话剧外，还广泛地开展了活报剧、街头剧、独幕剧的创作和演出。其中，由崔嵬改编的街头剧《放下你的鞭子》特别受到武汉三镇群众的欢迎。此剧采用街头卖艺的形式演出。其故事内容主要是“九一八”事变以后，东北沦陷，有一家父女逃到关内，四处卖唱谋生。有一次女儿(香姐)由于饥饿演唱不好，被老父责打，被一工人冲出制止，始由老父说明东北沦陷后敌人残暴横行、民不聊生的惨状，从而激起了广大人民抗日救国的强烈要求。崔嵬不仅是本剧改编者，而且是主角的扮演者。他曾与陈波儿合演于西北归绥一带，还与张瑞芳合演于北平香山。由于演出成功，这出街头剧闻名于长城内外。在武汉，崔嵬是与当时南京《风流剧社》的著名演员王苹（后为八一电影制片厂名导演）合演的。当时，他们生动逼真的表演，深

张瑞芳在《放下你的鞭子》中

深地感动了武汉的观众。有一次在黄鹤楼演出时正遇日机轰炸，但围得密不透风的观众竟不肯离去。演员们面对敌人的淫威，更是怒火中烧，坚持演下去。一位卖茶的老人上前拉住崔嵬的手说：“飞机来了，你和你姑娘（指扮演香姐的王苹）快到我家躲一躲吧，我家就在那边山脚下。”崔嵬笑着回答：“老大爷，我们还在演戏哩！”老人说：“忙什么，躲过敌机的轰炸再出来卖艺！”老人竟以为他们真的是流落江湖的卖艺人。

此后，著名演员凌子风和黎莉莉，丁里和王苹，金山和王莹等都联袂演出这幕戏，还进行过比赛。金山、王莹演得深沉、细腻，被誉为“文鞭子”；凌子风、黎莉莉演得火爆炽烈（黎学过歌舞，武功好），被誉为“武鞭子”，都获得了银杯。他们每次动人的演出，都激起了观众的爱国热情，每次不等香姐端起付钱的小筐筐，钞票包着的铜元就从四面八方扔进场内，落在演员在身上、脚边。他们将这些钱作为慰劳金，全部捐献给在前方流血奋战的将士们。

抗宣二队演出《放下你的鞭子》

1938 年 6 月 10 日，武汉人民为欢迎世界学联代表团，在汉口大舞台举行文艺晚会，金山和王莹也登台演出了这出戏，受到国际友人的赞赏。

此后，在如火如荼的抗日救亡活动中，《放下你的鞭子》几乎成了每个专业剧团和业余剧团的必演节目。武汉的“拓荒”、“友联”、“雷雨”剧社，在救亡活动中表现最活跃的学生“懿训吼声”歌咏队，以及八路军武汉办事处的工作人员都排演过此剧，给观众留下深刻的印象，起到了动员广大民众奋起抗日的作用。

此外，如《三江好》、《最后一计》等独幕剧，影响也很大。当时，人们把这三个戏合称为打向敌人的“好一记鞭子”。它重重地打在日本侵略者、汉奸卖国贼身上，大大地激发了广大民众的爱国热情，在武汉的话剧运动史上留下了光荣的一页。

（陆川）

谭派鼻祖谭鑫培

谭鑫培像

京剧老生行当，流派纷呈。汪（桂芬）派、言（菊朋）派、余（叔岩）派、高（庆奎）派、马（连良）派、奚（啸伯）派、杨（宝森）派等各流派各领风骚，各自拥有一批忠实“戏迷”。但是，追根溯源，言派、余派、高派都是在老谭派的基础上发展起来的，而马派、奚派则又各自来源于余派、言派，其根也在谭派。而独领风骚的谭派鼻祖，就是戏迷们熟知的、人称“伶界大王”的谭鑫培。

谭鑫培（1847—1917），湖北江夏（今武昌）人。原名金福，以字行。幼年随父学艺，父亲志道演老旦兼老生，称“叫天子”，所以，谭鑫培艺名一度为“小叫天”。1858年（清咸丰八年）到北京金奎科班学昆乱老生，受7年严格训练。18岁出科后到天津演出，旋在北京永奎班唱里子老生（二流角色）。后来因倒仓（嗓音变哑）改演武生兼武丑。曾一度脱离舞台，转入江湖“粥班”，在乡下演草台戏。但学习艺术之心未改。后到上海，重返舞台，不久，回北京入三庆班，拜著名“京剧开创基业的大师”程长庚为师，习演武生。1872年（同治十一年）在老生的基础上，创“文武老生”的新行当，改演长靠戏。又拜“老生三杰”之一的余三胜为师，努力学习余三胜创造的老生新腔。

复建的美成戏院

1880年(光绪六年)和孙菊仙(孙派老生创始人)合搭四喜班。1887年又组同春班。1890年奉诏入清宫,为慈禧太后演出,得其欢心,任为内廷供奉,赏四品服。

1899年,应聘来汉口满春园演出,轰动一时。由于戏迷们纷纷拥往满春园观谭鑫培演出,另两家未演京剧的茶园(天一、贤乐)只好关门大吉。谭鑫培来汉后,牢记其父临终遗言,曾专程到武昌宾阳门(今大东门)找谭家祖坟,准备祭奠。但因年代久远,无法找到,只好含泪离去。

谭鑫培画像(《定军山》扮相)

1900年以后,谭鑫培回到北京,潜心研究艺术,对唱腔、做功、剧本进行改革,创立了唱腔平稳婉转、做功生动活泼的谭派艺术,形成独特风格,在京剧艺术上实现了徽汉结合、文武结合、唱做结合,令人耳目一新,风靡一时。以至狄平子的《庚子即事》诗中有句云:“家国兴亡谁管得,满城争说叫天儿。”

1905年谭受北京琉璃厂丰泰照相馆任景丰聘请,拍摄了《定军山》片断,开创了京剧上银幕之先河。

辛亥革命后,谭鑫培虽然红遍京华,却常受军阀欺凌。1917年,被迫带病在黎元洪总统府中演《洪羊洞》,后忧愤而死,享年70岁。其子、孙均为京剧名家。其代表剧目有《卖马》、《定军山》、《空城记》等。

(商若冰)

吴天保演《哭祖庙》

著名汉剧演员吴天保的拿手戏很多,但是,最叫座的要数《哭祖庙》。该剧的情节是:三国时,魏将邓艾攻下绵竹,进逼成都,蜀汉后主刘禅听信谗臣之言,决定开城投降。其子北地王刘谌以背城一战苦谏,后主不听,反将他踢出宫门。刘谌看到事情无可挽回,准备以身殉国,并告诉妻子崔氏。崔氏深明大义,持剑自尽。刘谌随即杀死两个儿子,跑到昭烈庙中向先祖哭诉,自刎而死。

吴天保在《哭祖庙》中饰刘谌剧照

汉剧界原来没有这个剧本,它是由京剧界传来的。清末著名的京剧改革家、表演艺术家汪笑侬,有感于国事日非,为了托古喻今,抨击当时的政治生活,于是创作了这个充满爱国主义思想的剧本,他在大连、上海等地演唱这戏时,政治影响非常大。1904 年(清光绪三十年),汉口的丹桂茶园举行了史无前例的京汉名角合演,不但营业很好,两个剧种的演员还得到了互相观摩学习的机会。就在这时,汪笑侬将京剧剧本《哭祖庙》送给汉剧泰斗余洪元,余洪元则以汉剧的传统剧本《刀劈三关》赠汪笑侬。后来,余洪元在汉口担任了汉剧天春班的客座教师,把《哭祖庙》交给了他的爱徒,由三生转学一末的小天文,可惜小天文在 19 岁就死了,因此,这出戏没有在汉剧舞台上树起来。

1924 年,出科五年刚刚才 21 岁的吴天保,接触并爱上了这个剧本,认为适合自己演出。正式上演后,果然誉满三镇。抗战初期,在汉口市剧业同人组织的几十场劳军募捐义演中，吴天保一再主演《哭祖庙》，以此激励民心士气。1938年9月，吴天保率领汉剧抗敌流动宣传队第一队，从长沙到重庆等地，第一天的打炮戏都是《哭祖庙》。借剧中人刘谌之口，痛斥刘禅的丧权辱国、屈膝投降的行径，激发大家同仇敌忾，坚定抗日意志，引起观众强烈共鸣。

汉剧界流传的《哭祖庙》有两种脚本：一为陈春芳演出本，一是吴天保演出本。前者是将汪笑侬的原本略作更动；后来是在龚啸岚等艺术家的相继帮助下，对汪本进行删削，把原来演出时间的105分钟压缩到70分钟，显得更为精练。经过几十年反复的锤炼与加工，吴天保充分地调动一切艺术手段，将刘谌这个末代王孙演得栩栩如生，非常感人。

吴天保并不因为《哭祖庙》是一出唱工戏而忽视念白，他牢记梨园界的一句老话："千斤道白四两唱"，遇到念白同样是全力以赴。这出戏的定场词和紧接着的5句73字的念白，吴天保处理得四声清楚，尖团分明，音调铿锵，迎来了该剧的第一个满堂彩。

第二场跪唱的西皮垛子，运腔新颖，不同流俗，成为脍炙人口的唱段。尤其是最后一场由二黄倒板、二黄回龙、反二黄、反二流和二黄摇板等五种不同板式组合的成套唱腔，更是熔生、末、净、外之长于一炉。如果演唱者的后劲不济，是难以驾驭这几十句言前辙唱词的。吴天保偏能倾喉高歌，酣畅淋漓一气呵成，越到后面越是珠圆玉润，并且响遏行云。分明只有他一人在唱，却好像天地间尽是吴派唱腔，让你过足戏瘾。行家们都明白，反二流唱段中的去字是不便行腔的。吴天保居然化腐朽为神奇，巧妙地利用切分音，山断云连，既中绳墨，又不板滞，准确地烘托了人物情绪。对于突破七言或十言常规的唱词，吴天保也能匠心独运，挥洒自如。例如有一句是"那时节，我的父皇，睡在怀中，昏昏沉沉，睡梦之间，直到如今，我的父皇他睡了数十年"。共计33字。还有一句是"直到如今，我父皇，焚符弃玺，反缚舆榇，率领着军民人等，文武百官，匍匐尘埃，投降邓艾，比那刘璋王更惨不堪"。长达43字。一般演员认为不好上口，吴天保却能唱得跌宕有致，顿挫得宜，以情带声，借声传情，把儿子对昏庸父亲又恨又怜的心态，刻画得细致入微。不由你不为他鼓掌叫好。刘谌自刎前有一句唱词，陈春芳唱的是“你看我凤子龙孙也只这般”，最多只能博得观众同情。吴天保改为“我刘谌宁为玉碎不为瓦全”。这样就把大势已去的典型环境中慷慨殉国的这位孤臣孽子的典型形象塑造得更为高大。

汪笑侬主演的《哭祖庙》是唱工多做工少；吴天保则结合剧情加强了做工与舞蹈身段，合着音乐节奏载歌载舞，改变了单调僵化类似清唱的表演模式，形成浑身是戏，满台是戏，开创了汉剧三生唱做并重的新风，给观众留下了深刻印象。

汉剧大王吴天保

1961年9月，武汉电影制片厂将《哭祖庙》与《磬河桥》作为吴天保的代表剧目，摄进戏曲艺术片《留住汉宫春》。

1962年1月，为庆祝武汉汉剧院成立，董必武赠诗有句云：“尊重吴陈派，宏宣江汉声。”年近花甲的吴天保在汉口清芬剧场示范演出了《哭祖庙》。

1967年，吴天保去世，这位“汉剧大王”的这出名剧就成为绝唱了。

（徐明庭）

花鼓戏、楚剧和沈云陔

花鼓戏(又称西路花鼓戏)从它萌芽的那时起,就被人们视为"淫戏",受尽了官僚地主豪绅的压迫和摧残。当时地方上的恶势力勾结官府强加给花鼓戏许多罪名,用下令禁演、捕捉艺人、焚毁戏箱等残酷手段对它予以打击,使花鼓戏声名受到极大损害。因此,当后来花鼓戏演员组班来汉口时,官府竟下令不准演出。艺人们被逼得走投无路,只好"托庇"于汉口租界,在殖民主义者和黑社会的控制下,忍受惊人的剥削,还不敢堂堂正正地标出花鼓戏的名称,偷偷摸摸地演出谋生。

楚剧名家沈云陔像

1962年,国民革命军北伐抵达汉口,革命怒潮席卷长江。当时汉口最大的游乐场新市场被国民革命军总政治部接管,将新市场改名为"血花世界"。"血花世界"的领导人,共产党员李之龙表示同意接纳花鼓戏到华界演出,由"血花世界"在三楼开辟剧场专演花鼓戏。由于花鼓戏备受歧视,所以,总政治部提出要给花鼓戏定名,经湖北剧学总会中戏剧界的前辈欧阳予倩、刘艺舟、朱双云和傅心一等共同研究,将花鼓戏定名为"楚剧"(因汉剧原名楚调)。从此,楚剧成为湖北新兴的剧种,受到湖北地区观众的喜爱。

沈云陔剧照

楚剧表演艺术家沈云陔,原来也是花鼓戏演员,少年时代用过"十岁红"的艺名。

1918年前后，他由新洲原籍来到汉口，拜名丑李小安为师。从此在舞台上为改革、振兴楚剧奋斗了60个春秋(1978年逝世)。

楚剧虽然在政治上翻了身，但还是一个“七紧、八松、九偷闲”的乡班子，在农村立足是绰绰有余，但进入武汉这个大城市，显然不能满足城市观众的要求。沈云陔认为：“楚剧家底薄”(这是沈的口头禅，即班社少，剧目少，传统不深厚之意)，不博采众长，提高质量，就不会有生路，他与楚剧老一辈艺人在李之龙的支持下，大胆革新，曾改编了话剧剧本《父子回家》和《费公智自杀》以及整理传统老戏《玉莲汲水》等剧。正是由于这样，楚剧从组织形式到剧目内容都发生了显著变化：由一个小型乡班，发展到近几百人的大剧团；剧目由“花鼓戏开了锣，不是喻老四便是张德和”，发展到古装、时装、文戏、武戏、连台本戏样样都有；演员行当也由“小旦、小生、小丑”，发展到生、旦、净、末、丑一应俱全。抗日战争时期，全国文艺团体云集武汉，沈云陔号召楚剧艺人不仅要学习汉剧、京剧，还要学习话剧和其他表演艺术。和沈云陔经常合作的老艺人段殿坤、高月楼、陈梅村以及中年一代的演员袁璧玉、熊剑啸、高少楼等首先起来响应，这对丰富楚剧剧目，提高表演艺术起了关键性的作用。沈云陔更是身体力行，他的不少好戏如《软玉屏》(秦腔移植)、《夜梦冠带》(巴陵汉剧移植)、《杀狗惊妻》(川剧移植)、《庵堂认母》(锡剧移植)、《打金枝》(河北梆子移植)等都是向兄弟剧种学来的，成了楚剧的保留剧目，常演不衰。

沈云陔给学生说戏

(商若冰)

老牡丹花和小牡丹花

在汉剧界，先后出现了两位著名的表演艺术家，他们同习“八贴”（花旦）行当，在30年代还一度同台演出。他们一为男旦，一为女角。熟悉的人们都知道，他们是老牡丹花董瑶阶先生和小牡丹花陈伯华女士。

从两位艺术家的艺名来看，根据惯例，他们之间总是有亲属关系或师徒关系的，京剧演员王桂卿和小王桂卿（父子）、王玉蓉和小王玉蓉（母女），擅演孙悟空的六龄童和六小龄童（父子）等就是例证。然而，这两位牡丹花艺名虽同，却无任何关系。只是在小牡丹花已经取了这个艺名之后，老牡丹花不仅没有反对，还主动提出要收小牡丹花为干女儿，这才在两位艺术家之间搭起了沟通的桥梁，在汉剧史上留下了一段佳话。

牡丹花董瑶阶先生（老牡丹花是有了小牡丹花之后，戏迷们为了便于区别而加的个“老”字）1898年（清光绪二十四年）出生。民国初年即享誉湖北、武汉。他演技高超，扮演的各种女性不仅形似而且神似，汉剧老观众用一句通俗的话称赞他，说他演的旦角“比女人还像女人”。他的代表剧目有《挑帘裁衣》（西门庆、潘金莲故事中的一折）、《醉归杀山》（石秀和潘巧云故事中的一折）等。1952年秋，他被邀请去北京途中病逝，终年仅54岁。

老牡丹花董瑶阶

小牡丹花陈伯华女士比老牡丹花幸运得多。她8岁进入汉剧女科班——汉剧训幼女学社学艺，取艺名“新化钗”（全体艺徒均用“新化”二字做派名）。在科班中，她受到汉剧艺术教育家刘本玉先生的精心教诲。刘先生根据她的条件，决定让她学“八贴”（花旦），除了教她学习一般花旦戏如《玉堂春》、《打花鼓》、《打渔杀家》、《反八卦》之外，还因材施教地要她学习《闹金阶》、《小姑贤》一类"娃娃旦"的戏。刘师父和一般的师父教法不同。像《闹金阶》里面的曹瑞莲，出言吐语和举手投足，就不同于生活中的小女孩，如动作中有不准确的扬手踢脚，说白里有不规则的断句读音，这种特殊的表演手法，用来表现女孩的好动、发嗲，演来就能别具一格，妙趣横生。陈伯华女士正因为受过这套严格训练，并从中得到启发，因此在半个世纪以后，以花甲之年还能演《柜中缘》里刘玉莲那样的角色。

小牡丹花陈伯华《宇宙锋》剧照

出科后，陈母因十分推崇牡丹花的艺术，要新化钗改用"小牡丹花"(按当时习惯，把"小"字写成"筱"字)的艺名登台演出，一炮而红。

1934年前后，老、小牡丹花在汉口新市场同台演出，小牡丹花直接受到老牡丹花的艺术熏陶，扩开了眼界，同时也感到"八贴"这一行的局限性。她从当时"四旦"(青衣)表演艺术大师李彩云先生的表演中吸收营养，形成了青衣花旦兼而有之的"陈派"艺术，为发展汉剧事业作出了卓越的贡献。1952年10月在北京第一届全国戏曲观摩演出大会上，她主演的《宇宙锋》荣获二等奖，她个人荣获一等表演奖。陈伯华在解放后光荣地参加了中国共产党，担任了武汉汉剧院院长、全国政协委员、武汉市政协副主席等要职，受到党和人民的尊重。

两朵牡丹花在新旧社会中两种不同的命运，充分反映了新旧社会两重天，人们怀念老牡丹花，祝愿小牡丹花艺术之树常青。

（商若冰）

中国名城掌故丛书

◎武汉掌故

Wuhan Zhanggu

汉商故实

汉镇会馆

广东会馆旧址

会馆和公所是同乡或同行的人们为了互助和自卫而建立的一种松散的社会团体。全国各地有许多这样的组织，它是明清之际经济发展，商业繁荣的产物。而到民国，近代社团兴起以后，它走向衰落。

汉口自明成化年间汉水改道后，渐渐发展成为一个商业重镇，出现“本乡人少异乡多”，“九分商贾一分民”的现象。这些外来商贾，按地域、行业结成帮派，如湖南帮、宁波帮、四川帮、广东帮、江西福建帮、山西陕西帮、徽州帮、药帮、船帮、钱帮等，各帮活动和议事的地方便称为会馆或公所。由商人出资建屋，其建筑互竞豪奢，以显示本帮的实力和地位，叶调元《汉口竹枝词》曰：

汉口山陕会馆

一镇商人各省通，各帮会馆竞豪雄。
石梁透白阳明院，瓷瓦描青万寿宫。

作者注云：“阳明书院即绍兴会馆，梁柱均用白石，方大数抱，莹腻如玉，诚巨制也。江西万寿宫，瓦用淡描瓷器，雅洁无尘，一新耳目。汉口会馆如林，之二者，如登泰山绝顶，‘一览众山小’矣。”

叶氏谓“汉口会馆如林”，到底是多少？据1920年《夏口县志》的统计，汉口各会馆、公所约200处，经各会馆、公所联合会（成立于1912年）会长江顺成、余士熙的调查，确有建设年代者有123所，年代不详者56所。这些会馆、公所，推举有会首、会董进行管理，下设庶务、管账、文牍等人员协办日常事务。会馆、公所的传统功能主要有：一、祀神；二、义举；三、公约；四、自卫；五、娱乐。

下面专门介绍宝庆会馆与万寿宫。

清初，汉口已具商业城市雏形，为商品的重要集散地之一。各地结队驾船而来的客商，因同乡、同行等各种关系形成帮派，并在长江和襄河（今汉水）沿岸抢占码头。嘉庆初年，由湖南宝庆府所属邵阳、武冈、新宁、城步、新化等县来的船帮（宝庆帮）就在长江汉水交汇处、龟山头斜对面的汉口岸边辟有码头，这是汉口的宝庆码头。此外，在月湖堤、鹦鹉洲、白沙洲，宝庆帮也建立了码头。

汉口宝庆码头开辟后不久，即为徽帮（安徽人）所据。嘉庆中叶，宝庆帮青年船民何元仑出谋划策，运动清廷侍读学士、新化人刘光南，勾结地方官府，圈占大水巷附近河边方圆三箭之地，作为宝庆码头用地和宝庆帮船民居住区。徽帮不甘，数次寻衅，企图以武力夺回码头。1856年（清咸丰六年）何元仑在湘军将领曾国荃、刘长裕的支持下，纠合船民，大败徽帮，并乘机扩大地盘，把上至大水巷，下至沈家庙，内至广福巷的大片河岸土地据为己有。但冤冤相报的结果是械斗持续不断，直至武汉解放才告结束。

道光年间，汉口宝庆码头区域，已有数千居民。1848年（道光二十八年）何元仑又发起筹建了宝庆会馆，使日益增多的宝庆帮船民结成一个团体。会馆为长方形的古三进式结构，坐西朝东，前门在宝庆二街，后门在板厂一巷。大门上用麻石板雕刻"宝庆会馆"四个大字，每字一尺见方，正楷书写。大门两侧是商店，为会馆所设。进了大门是一个大院落，为舞龙灯、演戏看戏之所。院落后面是会馆办公楼，中间是大厅，两边是二层木结构房屋。办公楼后是天井，天井两侧是连接办公楼的楼房。天井后面则是学校。

会馆成立后，选举何元仑为首任会长，并设有庶务、管账、文牍等协办会馆的帮内事务，掌管码头财产的管理、洽谈生意、抢夺活计、争夺码头、开办学堂、扩建住房、济助同乡、安葬死者等一切重要事宜。近90年的惨淡经营,使码头日趋繁荣。1937年,汉口宝庆码头出售商品量达历史最高水平,价值近300万光洋,人口达四五万。当时新化县城才3万人,宝庆码头人口超出新化县城,地盘也比新化县城大,因此人们称宝庆码头为“新化第一县城”。而宝庆人则不无得意地哼着“头顶太阳,眼眸邵阳,脚踏益阳,身落汉阳,尾摆长江掀巨浪,手摇桨桩游四方”的歌谣。

抗战爆发后,汉口宝庆码头船只多数被征军用,绝大部分船民迁回湖南,会馆活动减少,码头日渐衰落,解放后码头才获得新生。

清人叶调元《汉口竹枝词》所描写的“磁瓦描青万寿宫”的万寿宫即江西会馆,位于今武汉市第七中学所在地,它是在清康熙年间,由江西南昌、临江、吉安、瑞州、抚州、建昌六府在汉商号集资建筑而成,为旧汉口规模较大,比较著名的建筑物。《新生月刊》曾这样描述道:汉口的会馆建筑最为宏壮者,一为黄帮的帝主宫,一为江西帮的万寿宫,今之万寿街即因万寿宫得名。

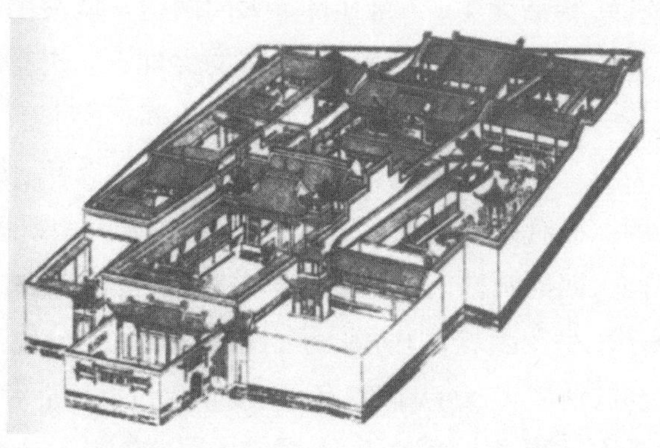

汉口山陕会馆图

相传万寿宫是祭祀在江西治水有功、造福人民的许逊(号真君)的宫宇。关于许逊治水,民间有这样的神话般传说:许逊少时的同学在河里洗澡,口吞天上降下来的红宝珠,变成一条孽龙,连年作怪,使洪水泛滥,五谷淹没,房屋崩坍。正在山上修道的许逊闻讯,急赶下山,在南昌与西山之间,与孽龙展开了一场恶战,终于制伏了孽龙,并用铁链将它锁在西山古井内。此后,地方连年太平,五谷丰登。人民为表谢意,乃兴建宫宇,取名万寿宫，尊许逊为“福主菩萨”，万世祭祀。因此，天下的万寿宫并不只一个，汉口的万寿宫不过是其中之一而已。

荷兰收藏家收藏的汉口一会馆(万寿宫)版画

汉口万寿宫占地约4000平方米，结构简单壮硕，造型简朴而气魄雄伟。因江西产瓷，故墙壁、屋顶大都使用瓷制品，色彩鲜艳，金碧辉煌。连瓦亦用淡描瓷器，雅洁无尘，一新耳目。大门两边宫墙突出，对放着两尊高大的石狮。门额是雕刻有“万寿宫”大字的大理石。进得门来，是大舞台，台前有大天井，可容纳观众上千人。宫宇中间，正对着门的大殿是万寿宫，左为仁寿宫，右为扶桑宫。万寿宫供奉着福主菩萨，龙凤雕刻极为精细，帏帐华丽。一对锡制插烛座子，足有一人高。大型铜铸香炉和铁铸宝塔上铸有诗文，四周圆柱上有壁画和墨书题记，古色古香，瑰丽雄伟，再往后走是小宫殿、小花园、假山荷池、亭台楼阁，景致十分优美。

据史料记载，清咸丰二年(1852年)太平军攻占汉口后，东王杨秀清曾住在宫内，处理军政事务。1934年，大殿被国民党军队放火烧毁。抗战期间，此宫又遭到日机轰炸，受到彻底破坏，幸存至今的只有两株高达20余米的古银杏和半块立有规章制度的石碑。今日七中的教学大楼全是解放后所建。

（严昌洪　朱务本）

豆皮大王老通城

"老通城"，原名"通城"饮食店，是1929年汉阳人曾厚诚在大智路口开办的。开张之初，只供应早、中、晚点。1947年，抗战胜利，曾厚诚从大后方回武汉，在原址复业，大事修饰，扩充店堂，增加经营品种，改招牌为"老通城"食品店，以示其资格老，手面大。

汉口大智路原老通城门面

曾厚诚听说名厨高金安制作豆皮手艺出众，重金聘用，以高师傅的拿手"三鲜豆皮"为突破口，作为本店产品的特色，在三楼高处安装"豆皮大王"的霓红灯，招徕顾客，果然大奏奇效。

豆皮原是湖北农村的食品，传到城市，用糯米、香葱作馅子，很受食客欢迎。武昌王府口"杨洪发豆皮馆"开业于清同治年间(1862—1874年)，是武汉最早的豆皮馆，出售光豆皮，具有油重、外脆、内软特色，人称"杨豆皮"。后来发展为什锦豆皮、三鲜豆皮。老通城的三鲜豆皮，是以"杨豆皮"为主要原料并博采众长而制成的，正如"豆皮大王"高金安所言："不能说武汉豆皮由我高金安首创，因为在我之前已有不少的同行前辈，我是吸取他们的经验，并有所改进。”

毛泽东品尝豆皮后与豆皮大王高金安（二排右四）等合影

1953年，曾厚诚去世，他的子女都是革命干部，不愿继承，请求国家接管。1955年元旦，老通城成为武汉第一家私营改国营的商店。同年11月，奉市委指示，在惠济路口开设了一个支店，1958年4月3日和9月12日，毛泽东主席先后来支店品尝了三鲜豆皮，留下了“国营要更好地为人民服务”的教导，成为老通城店史上最光辉的篇章。

（林青　商若冰）

小笼汤包四季美

小笼汤包，原是下江风味的小吃食品，清末民初就曾溯江来到江城，适应汉口居民消夜的习惯。1922年汉阳人田玉山，在后花楼交通路对过一个侧巷内，开了个熟食店，经营小笼汤包和猪油葱饼。这个所谓店，是个只有几张半圆桌靠墙摆设的小而窄的店堂，开始叫“美美园”，后来看到回龙寺、长堤街有两家下江馆子，挂出早已著名的“四季美”的招牌，田玉山想美美园店虽小，但地处闹市区，也有意改换招牌。不料他的侄子田泽春竟在隔壁开店，打起“四季美”的牌号，激怒了他，索性挂出“老四季美”的招牌了。

田玉山从南京请来了烹饪好手徐大宽师傅，待如家人，徐师傅也把自己视为田家的一员。先做葱油饼，每天工作十一二个小时，这是老四季美迅速发展的最关键的一着。由徐师傅建议，做起小笼汤包来。汤包制作程序严格，第一步熬皮汤，做皮冻，第二步做肉馅，第三步制包，最后“一口气”火候，都要一丝不差。用料选上等，肉皮要绝对新鲜的，肉馅要一指膘的精肉，蟹黄汤包要用阳澄湖大鲜蟹等，不得以次充优。如此食鲜物美，备受江城人民的宠爱。解放初期，生意进一步兴隆，因狭窄的旧址已不足以迎接四方来客，遂至江汉路与中山大道交会之处，建筑起四层大厦，由小吃店发展成为大餐馆，四季美小笼汤包因而驰誉遐迩。

汤包大王四季美

（林青　商若冰）

二百年老店汪玉霞

武汉食品店中最老的牌号要算“汪玉霞”，创始于1738年（清乾隆三年），至今已有270多年的历史。

汪玉霞的第一个老板叫蔡玉霞，原是安徽休宁人汪士良的姨太太，蔡开店用己名而从夫姓，故称“汪玉霞”，最初为一小店，设在汉正街灯笼巷口，只卖些茶叶、甜食等小商品。蔡玉霞死后，汪士良之长孙汪国柱继承。嘉庆初年，因白莲教大起义，清廷封锁九江关，汪国柱在此所开油榨坊，桐油积压，不得下运，心急如焚。一日老仆窥见九江关关督鸣锣过街，关督原系汪士良生前好友，汪国柱前往拜帖求见，关督告知三天后开关一个半时辰，嘱其做好准备。其时大批桐油困泊关口甚久，急欲抛出，汪国柱乘机压价，收购3000万斤，待至开关时刻，抢先出关下运南京、上海，突获暴利，旋在各地开设当铺、行号136家之多。小小汪玉霞因系祖业，特别受重视，每年年终召集各地商号掌柜来吃团圆饭，总结工作。店内职工则有“一年二十四荤（初一、十五打牙祭）三大醉（元宵、端午、中秋三节），开张谢神不在内”的招待。

汪玉霞糕点店（萧继石绘）

汪玉霞一向是前店后厂，以销定产。生产规模不大，全系人工操作。生产的食品有酥糖、酥京果、碱酥饼，头面颜色黄润，香气扑鼻，食之清脆爽口，人们称之为“泡酥”。其用料讲究，糖择上好的太古糖、台湾糖，大批购进长期存储，使糖的油卤吐出，溶头好；油用驻马店的麻油，颜色清亮；芝麻用武泰闸的，皮薄肉厚；鸡蛋用阳逻的鲜货；面粉用上好的；糯米要筛选一样的粒子，泡上70—80天，再按照独特制作程序，制成成品。其他自制芝麻绿豆糕、月饼、五香瓜子、五香干子，也都经过内部品尝、鉴别，绝不滥竽充数。

汪玉霞食品老广告

鸦片战争以后，国人染上鸦片瘾者甚多，抽烟以后，口觉苦味，大都喜爱吃甜食，食品行业生意兴隆，汪玉霞也得到进一步发展。该店历经九代，其间“兄弟阋墙”，曾分裂为“雨记”、“合记”（后花楼），但终于保持“汪玉霞”这块金字招牌。解放后经过合营到国营，一度改为“新华食品厂”，后又恢复原牌“汪玉霞”，美誉常青。

（阳玄桦）

武汉第一座水塔

今天，水塔在武汉已不算稀奇事，大一点的企事业单位均有自己的小型水塔，有的呈圆柱形，有的作漏斗状，可以说水塔林立，给千家万户用水带来了极大的方便。但是武汉的第一座水塔却因为完成了历史使命，而不再为市民供水了。这座已成为历史陈迹的水塔，由于一直耸立在汉口闹市中心（中山大道中段江汉路附近），对武汉人来说，可谓家喻户晓。

武汉这座最早的水塔，系原既济水电公司所建。既济水电公司是1906年（清光绪三十二年）由浙江籍商人宋炜臣联合湖北、江西两大商帮集资创办，得到鄂督张之洞的支持，公司取“水火既济”之义，定名为汉镇既济水电公司，宋炜臣任经理。总公司设在英租界一码头太平路。电厂设河街大王庙河沿。自来水厂设硚口外宗关上首。

早期的既济水电公司的水塔（1913年摄）

水塔于1908年开工兴建。由英国工程师穆尔设计监造，广荣兴营造厂承建，1909年（宣统元年）建成。水塔曾在英国保险公司保险，期限70年，业已届满。塔体占地556平方米，建筑面积8120平方米，水塔主体作八卦式，即建筑平面为正八边形，每边外缘长8.2米，内缘长7.75米。西南突出部分为楼梯间，是边长4米的正方形，内设木梯200级，可盘旋而上。塔基部分深15米，挖土3万方，用

5 层花岗石灌水泥沙浆砌成。塔身高 41.32 米,分 7 层。第一层外墙为花岗石砌成,第二层以上为红砖清水墙。一至五层设有房间。第二层为生产工作室,装有水表,可观察全市用水量。第五层为水柜底部,能听见水声,有 8 英寸铸铁水管 3 根,两根上水,一根下水。用机器吸水至塔顶。第六层为水箱,圆桶形,底面直径 18.67 米,壁高 7.33 米,箱壁用双层半英寸厚的钢板铆接而成,水容量 1500 吨,主要用于调节中心城区供水压力。水箱内装有浮锤式自动关闭系统和其他设备。第七层为瞭望台,上有重 1000 多斤的铸铜警钟一具,悬挂在 8 寸工字钢横梁上。安排 4 人日夜轮流瞭望,遇有火警,白昼悬红旗,夜晚燃红灯,同时敲钟报警,先乱钟 30 响,再以响数告知火警地区,一响是洋火厂至华清街,二响是歆生路至前花楼,三响至堤口,四响至四官殿,五响至沈家庙,六响至大王庙,七响至武胜庙,八响至仁义司,九响至硚口,声闻遐迩,家家知晓,各处水龙闻声紧急驰救。

今日水塔

水塔在解放后继续发挥作用,到 20 世纪 70 年代末,由于武汉市供水事业的发展,水塔已完成了供水的历史任务。现已开辟为商场。高大的水塔如今同许多现代化高层建筑比起来,显得矮小了,但它作为武汉的早期近代文明的一种标志,长久地屹立在汉口市中心,成为武汉城市发展的历史见证。

（严昌洪）

经营有方的国货公司

武汉中国国货公司是武汉中心百货大楼的前身。公司首创于 1937 年 12 月，次年 9 月即日寇侵占武汉前夕被迫停业。1946 年 10 月 10 日复业后，不到三年，武汉解放，该公司即被人民政府接管，初属中南区百货公司领导，1950 年 7 月 15 日起隶属武汉百货公司，正式换上“武汉市百货公司中心门市部”招牌，成为武汉市最早出现的社会主义新型商店之一。

武汉中国国货公司属于股份公司，其中有部分股金来源于中国、交通、新华三大银行和中央信托局，与四大家族藕断丝连，因而它是官商合办的资本主义商业企业。它的经营管理，以聘任经理制代替掌柜负责制，积累了一套经营管理的经验，具体表现在：资金运用，实行柜组定额管理；采购计划，实行营业部审批管理；服务态度，实行服务规则管理；团结同业，实行平抑物价管理。尤其是在服务态度上，职员若违反了服务规则，必按章严惩不贷。

武汉中国国货公司（现武汉中心百货商店）

公司既名中国国货公司，那么，专营国货自然成为其经营特色之一。公司复业时，曾将《武汉日报》、《大刚报》、《华中日报》、《和平报》等当时武汉地区的四家大报头版头条的版面包下来做了 3 天广告，说明“完全国货，挽回权利”的宗旨；同时还在报纸上开辟一块“国货之光”园地，对顾客宣传爱用国货是爱国主义的表现，登上“如有人在买去的商品中发现一笔是外国货或是改头换面与鱼目混珠的冒牌国货，赏伍拾元”的话语，以推动国货事业的发展。

武汉中国国货公司徽章

公司的经营特色之二是真正以顾客为上帝，在花色品种上，力求式样新颖，品种齐全，既有高档品，也有大众货，以满足各阶层顾客的需要。同时顾客将商品买走后又拿来退或换，公司都采取特殊办法给予解决，不搞“货物出门，概不退换”那一套，这样，既使顾客满意和感激，又为公司带来了信誉，真正做到了“信誉第一，顾客第一”。

（朱务本）

周恒顺立厂之本

周恒顺机器厂是武汉一家老厂，它的前身是周天顺炉坊。19 世纪 60 年代，周家第八代经营人周庆春将炉坊从武昌大堤口搬到汉阳双街。他认为，干事业不能靠天吃饭，必须通过自我努力，而且要持之以恒，才能顺达起来，因而在 1866 年（清同治五年），正式改招牌为“周恒顺”，开始仍沿用泥模土法铸制香炉、神钟、汤罐、鼎锅等日用铁货，如黄鹤楼的大铜顶、汉阳归元寺的大香炉鼎等，都用这种方法铸造的。迨至 1898 年（光绪二十四年），周家第九代周仲宣主持炉坊业务以后，这个手工作坊才正式改为“周恒顺机器厂”。

同治年代黄鹤楼的铜顶

周仲宣聪明勤奋，思想开放，继承祖业以后，顺应形势的发展，勇于开拓，不断创新，广揽人才，从生产轧花机入手，逐渐在市场上崭露头角。在旧中国的数十年间，周恒顺机器厂陆续生产出蒸汽机、卷扬机、抽水机、蒸汽抽水机、制茶机、造币机、煤气机、轮船等多种机器产品，与此同时，其厂房、设备、业务不断扩展，相继在各地开办了几家子公司和五金分号，并经营上海华成电器厂等单位的产品，资本不断增大，到抗战前夕，该厂在武汉成为仅次于扬子机器厂的第二大机器工厂。

抗战期间，周恒顺西迁重庆，成为民生轮船公司附属企业，改名为"恒顺机器股份有限公司"。抗战胜利后，汉阳恒顺机器厂恢复生产，但已无昔日雄风，其后是三年内战，苦苦撑持而已。1950 年 11 月，经济非常拮据的汉阳厂经中南财经委员会批准，与中南工业部公私合营，定名为"中南工业部公私合营中南恒顺机器厂"。1954 年武汉大水，迁往武昌解放桥附近，改组为武汉动力机厂。1958 年并入为关山工业区武汉汽轮发机厂。

在解放前的半个多世纪中，周恒顺这个民营企业在与帝国主义和官僚资本主义的长期搏斗竞争中能够幸存下来，并逐步发展，与它坚持"规矩方圆"的立厂之本有很大关系。该厂注册商标，按"不以规矩不能成方圆"的古训立意，正中是一个圆规和一个直角尺，外围一个正方框框，再外则是一个圆圈。寓意是以圆规尺代表规章制度，信赏必罚，技术上要按质量标准、严格把关。"内方"就是对内要严格，一丝不苟；"外圆"就是对外要灵活，圆通应变。这个"规矩方圆图"集中体现了周恒顺的服务方针和管理原则，也是它从夹缝中闯出一条生路、规模由小到大并为武汉民族资本主义工业的发展作出一定贡献的关键所在，值得我们借鉴。

（朱务本）

近代汉货精品

在今天改革开放大潮之下，武汉工农业生产飞速发展，汉货质量有了明显的提高，涌现出一批驰名中外的汉货精品。

汉货精品的出现不自今日始，近代，武汉就有不少产品荣获“国优”称号和国际奖牌。

1910年（清宣统二年），清政府在南京举办了我国首届商品博览会，当时称为“南洋赛会”。仅汉口获得一等赤金牌奖的产品就有4项，即美粹学社的绣字、彩霞公司的绣画、肇兴公司的新式绸缎、兴商公司的茶砖。取得二等镶金银牌奖的产品有9项，即周鼎孚的轧花机、熙泰昌的红茶、段义泰的金丝绒、太久保的罐头、雅森永的漆器、厚牲祥的茶叶、利华公司的制皮、向洪盛的仿古铜器、义顺成的漳绒。获三等奖的产品则更多。

汉货精品——苏恒泰纸伞

1915年，在巴拿马国际博览会上，汉口有20家企业的产品获得了一等金牌奖，其中有老采章的花缎、姚春和各种铜器，信记和兴商等18家公司、商号的茶叶也名列榜首。获二等银牌奖的有昌记等4家的茶叶，郑炳兴、姚太和、义太和的各种铜器、同义广的猪鬃等8项。

从这些获奖产品可以看到，武汉的茶叶、刺绣、铜器、皮革行业中都有名优产品。武汉的砖茶在近代远销欧美，而汉绣、汉锣、汉纹皮则都是正宗汉货和名牌产品。

汉绣的历史悠久，清代和民国盛极一时，清咸丰年间（1851—1861年）

的汉口织绣局，集中了大批优秀工匠绣制官服和挂品，一些绣铺所绣戏衣、桌围、寿帘、屏风、敬神和赛会用的一些古装品，金碧辉煌。汉口的绣铺多集中于绣花街。汉绣的名声虽然没有苏绣、湘绣那样显赫，但其针法却有自己的特色，为其他名绣所不及。汉绣以人物、花饰见长，主要表现手法是“平金夹绣”，具有色泽浓艳、华丽多彩的特点，装饰味浓，适于绣制挂品，前述在南洋赛会获金奖的绣字、绣画就属于此类。

汉货精品——汉绣

武汉铜器亦有数百年历史，汉口打铜街是作坊比较集中的一条古老街道，近300年来一直是全国铜响器制造中心之一。武汉铜器中以铜锣为最佳，俗称抄锣。汉锣与苏锣、秦锣、京锣并称为中国四大名锣，它具有品种齐全、发音宏亮、圆润集中、起手灵活、吃槌省力、能和调门等特点。

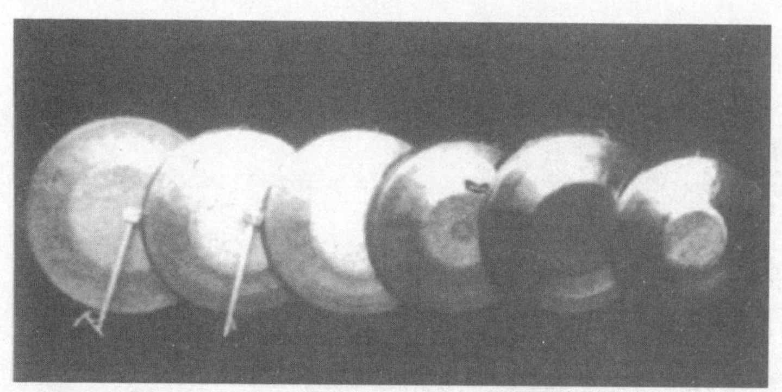

汉货精品——高洪太的虎音锣

武汉皮鞋在国内市场享有一定声誉，这与制作原料汉纹皮的质量好有密切关系。汉纹皮是选用优质黄牛犊皮精工制成的一种全粒牛皮革，适于制作高档皮鞋。汉口牛皮巷、磨子桥和武昌梅隐寺、郭家街的熏皮作坊在清光绪年间已负盛名，戴起瑞皮坊、巫兴记皮坊所制皮革尤为上乘汉货。近代化制革厂于1907年（光绪三十三年）由张之洞创办，厂址在武昌保安门外南湖之滨，后由继任鄂督赵尔巽接办，建厂经费由官钱局划拨，机器设备购自德商。机器生产改革了传统工艺，但保存了汉纹皮特色。此外，名酒汉汾1919年也曾在巴拿马国际赛酒会上荣获奖牌。

（严昌洪）

汉口新式旅馆第一家

辛亥革命前,汉口接待过往旅客的处所只有旧式的旅栈、客栈、号栈,所有留宿旅客都需自带行李,栈内只提供房间、床铺、桌椅、灯水,设备极其简陋。

1913年,湖北军政府军务部长孙武的部下、"四堂"之一的刘玉堂(另三堂为丁笏堂、汪性堂、杨爱堂)筹设新式旅社,汉口才开始有近代新式饭店、旅馆。

刘玉堂在辛亥革命前开办过"新大方楼",辛亥革命后在政治上感到没有出路,他凭着开旅栈的经验,一面极力怂恿孙武出面号召股款,一面联络武汉稽查处长刘友才(即刘桂狗)出面组织人员。刘玉堂以为,孙、刘(友才)二人均有社会地位,绝对无意经营此项业务,事如办成,经理一职非己莫属。所以在筹备期间,以刘玉堂出力最多。

三人商量同意筹建旅社之后,一面收集股金,一面选定后花楼口(今江汉路花楼街口)为建旅社地点。这块地皮为汉口地皮大王刘歆生所有,因债务关系,被"刘票债权团"所掌握,不能变卖,只能租用,当时议定租用期为30年。就在这块地皮上,兴建5层西式楼房两幢,分为东西两栋:东边的是正屋,较为宽敞,为旅社本部;西边的为"西楼",房屋较为窄小。屋顶有露天花园,建有亭台楼阁,宛如空中仙境。全楼用电梯上下。是为汉口各高层建筑有电梯之始。旅社建筑完工后,定名为"汉口大旅馆",屋顶花园称为"楼外楼",有杂耍、清唱、茶社、酒厅,已具备游戏场的雏形。这在汉口也是破题儿第一遭。

至于旅馆房间布置,两幢总共有房百余间,所有陈设,均是刘玉堂从上海、广州各地选购,有铁床、沙发、红木和柚木家具,富丽堂皇,这在汉口旅馆业中也是第一流的。

汉口大旅馆款金总额为国币2万元,除孙武、刘友才、刘玉堂三人自认相当数目外，其重要募股对象为“华商总会”（系夜总会性质，专以赌博为唯一消遣）的一伙人，多半是洋行买办之流，刘友才亦为其中一员。

旅馆于1913年正式开业，刘友才自任经理，拟以刘玉堂为副经理。刘玉堂大失所望，不肯就副职。但刘友才官居土皇帝——武汉稽查处处长，刘玉堂也不敢得罪，只得悄悄离开汉口大旅馆，不敢预闻其事。

当时，王占元任湖北督军，其军需处长魏联芳常常往来于该旅馆。其他一些军政要员如汉口镇守使杜锡钧、汉口警察厅厅长周际云、夏口县知事侯祖畲等，也每晚来旅馆相聚，而所有往来汉口的北方军人，亦每每下榻该旅馆，无形中俨然成为军人俱乐部。在王占元督鄂期间，所有政治上的一切罪恶勾当，如卖馆、包税、行贿、刺探军情、结党营私均出自汉口大旅馆。

1918年刘友才病死，刘玉堂以为该旅馆有隙可乘，便怂恿孙武出面邀集各股东开会，成立董事会，公推孙武为董事长，刘玉堂为经理，于1919年元月接管汉口大旅馆，刘玉堂终于取得了5年来梦寐以求的经理职位。不久，孙武、刘玉堂因争权夺利而闹翻。当萧耀南继任湖北督军时，孙便向萧耀南密告，说刘玉堂是诈骗其侄萧炳臣的“翻戏党”的幕后操纵者。于是萧下令逮捕刘玉堂，刘闻风逃往上海，孙武遂以董事长身份接管了汉口大旅馆，派邓杰卿为经理，实际掌握了该旅馆的全部财产和经营大权。

1926年国民革命军北伐到汉，孙武亦避居上海。武汉的烟土大王、以旅馆事业托辣斯自命的赵典之乘机而入，他以极低价遍收汉口大旅馆股票，并联合周星堂接管了汉口大旅馆，改名“扬子江饭店”。

解放后，武汉市人民政府接管了该饭店，改办“军人饭店”。后拨交地方经营，改名“人民饭店”。现因江汉路的改造，这家近80年的大旅馆已不存在了。

（商若冰）

中国名城掌故丛书

◎武汉掌故

Wuhan Zhanggu

江汉风情

“天上九头鸟，地下湖北佬”

一提湖北人，尤其在谈到极少数湖北人的不光彩行为时，人们最容易想到“天上九头鸟，地下湖北佬”这句在民间长期流传的俚语。兹举一例为证。20世纪30年代，蒋介石来湖北视察，时任湖北省主席的夏斗寅，经常在蒋面前哭诉与蒋关系极好的国民党驻鄂绥靖公署主任何成浚如何处处与他为难，妨碍他施展省政。有一次竟跪在蒋介石面前，涕泣陈词，要求蒋公开表示支持他。夏斗寅这种摇尾乞怜的丑态和以疏间亲的无知行径，使蒋介石非常恼火，在一次军政要员会议上，蒋大发脾气说：“从前北洋军阀把湖北省当作殖民地，任意宰割，你们湖北人连个屁也不敢放，现在把省政交由湖北人自己管理，不但不好好地干，反而互相攻击，成何体统，真是省政府主席无耻，省党部委员也无耻。怪不得人家说天上九头鸟，地下湖北佬。湖北佬，真是难缠。”

为什么人们会把“九头鸟”同湖北人联系起来呢？说来话就长了。“九头鸟”源出于古老神话传说。《太平御览》引唐人《三国典略》说：“南北朝时南齐有九头鸟见，色赤，似鸭，而九头皆鸣。”另一唐人著作《岭表录异》亦云：“鬼车，春夏之间，稍遇阴晦，则飞鸣而过，岭外尤多，爱入人家烁人魂气。或云九首，曾为犬啮其一，常滴血。血滴之家，则有凶咎。”这是我们迄今所看到有关“九头鸟”传说的最早的文字记载。

九头鸟绘画

通常，鸟类是只有一个头的。一只有九个头的鸟自然便是怪异的东西，因此，“九头鸟”被认定为妖鸟或不祥之物。意义几经流变，后多用来比喻奸诈狡猾的人。然而也有说九头鸟好话的。北宋景德三年(1006年)进士、道藏家、湖北安陆人张君房所著《野语脞说》云：“时人语曰：‘天上有九头鸟，人间有三耳秀才。’”三耳秀才是《续搜神记》中的一个人物，名张审通，山东兖州人。一日梦见泰山神召见，去后神在其额上安了一只耳朵。醒来后额头奇痒，果然生出一耳。此人特别聪俊。时人以九头鸟能预知一切，故以之比聪俊者。

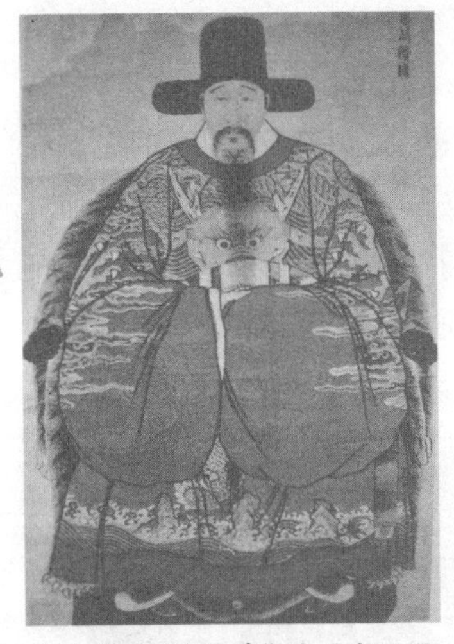
被人骂为“九头鸟”的明代万历首辅张居正

至于把湖北人比作“九头鸟”，一般认为与明代张居正的改革有关。张居正(1525—1582)，湖北江陵人。曾为内阁首辅。他从地主阶级的根本利益出发，实行一系列政治、经济方面的改革，以图富国强兵。他的改革措施对暂时稳定明朝的封建统治起过一定的作用，但也触犯了一些贪官污吏、豪强地主的利益，他们无奈之极，便以“天上九头鸟，地下湖北佬”一语诅咒张居正，以泄私愤。自此以后，这句话便在民间慢慢流传开来，多含贬意，认为湖北人多诈，正如天上的飞禽中数九头鸟最诡谲一样。

其实，湖北人中有好有坏，狡猾奸诈者只不过极少数而已。今天，人们也并不把九头鸟看作绝对的坏，如有的产品就敢以九头鸟做商标，把湖北佬的好名声打到全国去。有的报纸则开辟“九头鸟”专栏，专门揭露社会的不良现象，与九头鸟(湖北佬)的陋习作斗争。在北京，湖北人开的“九头鸟”酒楼生意做得很红火。

(朱务本)

武汉的茶馆

武汉是九省通衢之地，历来商业繁盛。在唐宋时期，武汉最繁盛的地区先集中在武昌南市，后逐渐移到汉阳东、南门。到了明末清初，汉口出现了“北货南珍藏作窟，吴商蜀客到如家”的繁荣景象。随着商业的日趋发达，交易日益频繁，来往客商逐日增多，作为商人进行交易，行人旅客休憩品茗的茶馆也应运而生。清道光年间(1821—1850年)，叶调元的《汉口竹枝词》就描写了当时汉口茶馆的盛况：“无数茶坊列市阛，早晨开店夜深关。”并记述了“涌金泉”、“早逢春”、“望湖泉”等著名茶楼。据有关资料记载，1933年，武汉三镇各类茶馆已达1300多家，真乃极一时之盛。

武汉的茶馆大致可分为大型、中型和小型3类。

武汉茶馆(萧继石绘)

大型户馆面较为宽敞，一般设在楼上，雇用茶房（工人）10余人，内有头佬1人，负责管理业务。茶桌（俗称“八仙桌”）至少在三四十张以上。茶具十分讲究，一般用盖碗茶具，也有用红瓷茶壶泡茶的。茶叶多采用二、三号“毛尖”。冬季有火炉取暖，夏季原用布叠折成的土吊扇，用人工拉送，后多用改用电（吊、座）扇。馆内设有雅座，备竹木躺椅若干张，冬用狗皮褥子，夏用竹席，一般季节用长毛巾铺垫，茶资比普座略高。有些进行地下交易的客商或谈私房事的人，就常常到雅座品茗休息。不少茶馆还辟有静室数间，供客人抹牌赌博，从中抽头盈利。有的还附设小型酒馆，制作各种面点及小炒，同时兼营香烟、糖果、瓜子、花生之类。为方便茶客，也有附设理发店的。较有名的有怡心楼、洞口春茶楼、江南春茶楼、话雅茶楼、德华茶楼、武汉第一楼、临城茶楼、忠信茶楼等。

老汉口茶楼

中型户比大型户规模略小些，一般雇请茶房3—5人，头佬1人，没有雅座，茶具、茶叶都不太讲究，茶资也较便宜。白天以卖茶为主，晚间就演出评书、皮影戏、楚汉剧清唱等，聚众抹牌赌博另辟有静室，与大型户相同，如安乐泉茶馆、风台茶馆、汉泉茶馆、一洞天茶馆等就属此类茶馆。

小型户茶馆是社会下层阶级经常聚会的地方。它一般只有二三间房子，十几张茶桌，较为简陋。茶房通常只有1人，老板和老板娘一般只招呼客人抹牌，晚上也有评书和皮影戏等活动，这类茶馆有的有招牌，如杨鹤茶社，清香茶社等，有的则连招牌也没有，或以茶馆为名，或冠以姓如某家茶馆等。

武昌、汉阳的茶馆跟汉口的茶馆不同。如答家棚的一些小茶馆，专供粤汉、平汉铁路线上的旅客休息候车之用（旧时没有长江大桥，京广线不能直达）。黄鹤楼上的茶社专供游人少憩品茗。钟家村只有二、三家露天茅棚茶馆，供扫墓人休息解渴。

三四十年代，每到夏天人们总想找一处纳凉处所，于是，新市场（今民众乐园）、长江饭店、中南旅行社都是开放“屋顶花（茶）园”，出卖清茶、冷饮供人们消夏。租界内的维多利亚、新生花园、天星花园也卖起茶来了。不过他们用的桌椅茶具跟茶馆不同，多用小型方桌、圆桌、活动靠椅和高级玻璃杯，具有一点现代气息。

随着时间的推移，卖茶几乎成了茶馆的副业，什么走私贩毒、买空卖空、打架扯皮、谈判纠纷、抹牌赌博、帮会聚会、特务活动等都可在这里进行，业务十分复杂，所谓“开的是闲门、来的是闲人”，三教九流无所不有，人们认为坐茶馆者不是“三教九流”之辈，便是好吃懒做之人。到了解放前夕，武汉的茶馆大都成了黑社会活动的场所了。

（商若冰）

数罗汉与大士阁求子

汉阳归元禅寺创建于明末清初，距今已有300多年的历史了，是武汉至今保存较完好的佛教丛林。

从古朴、庄重、典雅的外三门，步入禅寺，遍游众多的建筑群落，使你觉得让游客流连忘返的要数罗汉堂，武汉地区流行的一种占卜方式“数罗汉”，就是在这栩栩如生的罗汉群中进行的。

现在全国有五百罗汉塑像的寺庙不少，最著名的有：北京碧云寺、河南辉县白茅寺、浙江杭州西湖云林寺、天台山寿昌寺、四川成都宝光寺、武汉归元寺、苏州西园寺和寒山寺、上海龙华寺、广州华林寺以及昆明筇竹寺和华亭寺等数处。这几处的罗汉雕塑，各有特色，闻名遐迩。传说，汉阳归元寺的五百罗汉为黄陂县王姓父子二人用12年时间塑造的。“数罗汉”的习俗在武汉地区盛行，家喻户晓，妇孺皆知。

归元寺罗汉堂

归元寺的罗汉堂建筑布局呈田字形，田字正中，正座是阿弥陀佛，倒座是千手观音，前厅为“皆大欢喜”弥勒佛，背座是护法神韦驮，后殿是阿难、迦叶、文殊、普贤簇拥着释迦牟尼佛，四周列坐五百金身罗汉。五百罗汉千姿百态、栩栩如生，反映了千变万化的生活情态，每一尊雕塑又各自唤起一种生活联想，形形色色、活活生生：或笑逐颜开，洋洋自得；或愁眉不展，心事重重；或腾云驾雾，飘飘欲去；或棋逢对手，胜负难分；或掌上托婴；或怀中抱幼。这些罗汉的造型具有浓厚的生活气息和纯朴的人情味，这哪里是佛国圣地，简直是一幅人间生活画卷。

所谓数罗汉者，是从本身年龄这一号罗汉数起，如当年 20 岁即从第 20 号罗汉数起，依次顺数到第 20 个罗汉（即 40 号罗汉）止；还有一种数法，即随便选一尊罗汉数起，数到当年本身的年龄那一号止，不论年龄大小，均依次类推。两种说法，均要数到自己的岁数的那一尊罗汉，对照罗汉神态来应验心事：当数到面貌带笑者，以为必有好运，喜滋滋；当数到面貌哀愁或盛怒者，便认为不吉利，老大不痛快。当然这些纯属巧合，不必当真。欲以此来卜知自己或亲友的命运，实乃笑话。这种活动虽盛行，但信者不多，如今已成了一种游戏。

归元寺大士阁正门

早年，每届农历正月初间，善男信女赴罗汉堂拜佛，有如潮涌，所烧檀香，烟尘如雾，无法张目，但游客仍源源而入，挤得水泄不通，多半是为数罗汉问卜而来。当今，前来归元寺罗汉堂参观的游客如织，往往以其不同的身份，不同的年龄，不同的兴趣，在这里指指点点，品评自己数着的罗汉，喜怒哀乐，各自心领，并讲述着各自采集的神话故事，谈到动人情处，往往引起一阵欢笑，实乃一乐事。如偏信，或许会带来不悦。前些年湖北某县一对新婚夫妻，数罗汉数出了无端烦恼，小夫妻险些分道扬镳。起因是女青年数罗汉二次都数到大肚罗汉和罗汉前面落出一小罗汉，男青年生疑：刚结婚几天哪有孩子，莫不是……。女青年抱屈哭诉，在路上执意不走。后经人苦口相劝，解开了男青年心里的疙瘩，小夫妻终于破涕而笑，和好如初，双双离去。这告诉人们，以罗汉的表情来预卜人生，实在是一种蠢事。

“大士阁求子”的习俗也源于归元寺。在翠微古池的一侧有一建筑为大士阁，因供奉的观音被尊为大士，故名。此阁民间又称为“百子堂”、“娘娘殿”等，并流传着娘娘殿求子的旧习：早年女子结婚不孕，婆婆抱孙心切，丈夫得子心急，这对女子思想压力较大，在邻里老人的指点下，不孕女子背着众人，偷偷地跪到娘娘殿敬佛求子，他们双脚跪在蒲垫上，虔诚地敬香。少顷，在娘娘像后边摸出一双鞋子，或一双筷子，揣在怀中即刻返家，认为这样就可以怀孩子或快生贵子。来年如得一子，就高高兴兴地前往大士阁娘娘像前烧香还愿，并投钱入功德箱中或给予和尚钱财，有钱人家还为菩萨贴金装裱，这种旧俗，实乃封建迷信，今天基本绝迹。

（包年生）

木兰山进香旧话

坐落在武汉市黄陂区北30公里处的木兰山，是女扮男装代父从军12载的巾帼英雄木兰将军的家乡。从隋唐以至明清，山上先后修建了“七宫八观三十六殿”，共有神像上千尊，形态各异，栩栩如生。所有殿宇和山寨的寨墙完全不用泥沙，都是以青岗石大小交错、互相嵌压，干砌成功的。这分明是古代能工巧匠们聪明才智的结晶，却被说成：“要不是菩萨保佑，哪个不用泥沙能砌墙呢？”帝主宫下的乌龙泉，是不含或仅含少量可溶性钙盐与镁盐的软水，把硬币贴在水面，可以浮住不沉。缺乏这方面物理知识的人偏把它当作“仙水”。加上祈嗣顶、磨针涧、百子殿、棋盘石等有关的神话传说，把木兰山的菩萨渲染得神乎其神。1873年（清同治十二年）刊行《续辑黄陂县志·山川》也这样介绍木兰山：“上有玉皇阁、真武殿，四方朝谒者多灵验。”因此号称荆楚名岳的木兰山，从封建时代到近代社会，曾经吸引了近到武汉，远至其他几省的香客，一年四季，络绎不绝。每到木兰山“开山门”的时期，除了三五人一伙的以外，还有临时性民间组织“亮子会”。

登木兰山顶的沿路都有寺庙

从前，人们经常可以看到很多"善男信女"，在肩上或胸前挂着上有"朝山进香"字样的黄布袋，有人还捧着内燃檀香的小香炉，或者拈着一炷线香，组成浩浩荡荡的队伍向黄陂县行进，前面有人举着或扛着木制的山峦，山上是一些神像，这就是"亮子"。他们就是到木兰山去敬菩萨的。

在队伍出发的前两天，由头人（一称会首）延请僧道设坛打醮，名为"祈脚力"，求菩萨保佑他们腿脚有劲，能够上木兰山。凡是参加进香的人，先期必须斋戒沐浴。"祭如在，祭神如神在"，他们认为，不像这样不足以表示自己的虔诚。

队伍起行后，有人沿途打锣，有人带头高宣佛号。一人先念："南无——阿弥陀佛"；众人接念"无量寿佛"。好像领唱和齐唱一样，既整齐，又有节奏感。有人即令累了，声音嘶哑，仍然跟着念佛，惟恐菩萨听不到他的声音。这还不算，一路上还要来上好多次的"匍伏叩首"，每次磕头前，有人发号施令，大家都听他指挥。队伍中虽然年龄层次不同，但面容都非常严肃。

木兰山进香的人群

故老相传，上木兰山进香一定要谨言慎行，否则菩萨就会怪罪下来。但是，他们所谓的谨言慎行简直"谨慎"到诚惶诚恐的地步，不知道什么时候会不知不觉的冒犯了神明。武汉民间曾经流传一些类似神话的笑话。例如，有个年轻人要上路了，他的妻子嘱咐他，莫忘了到祈嗣顶抽一张灵签（因为他俩结婚三年还没有生育）。一边说，一边把一些解手纸放在他胸前挂的黄布袋里："去来这远的路，你不用解手纸吗？"事也凑巧，这个青年下山后突然腹泻，直泻得全身无力。回家后，不断地埋怨妻子，不应该说"破口话"。

有趣的是：木兰山附近的居民倒不像远处的人那样，把木兰山的菩萨说得灵验无比，朝山进香的也不如远处的踊跃。因而流传下来一句俗话："木兰山的菩萨验远不验近"。朝山的人，回家时必定要在山上买一些小喇叭、筷子、木汤勺与木刀、木枪之类，分赠亲友。受赠的人非常高兴。"一人至诚去进香，一方都沾菩萨光。"谁又不愿得到"佛光普照"呢？积习相沿，也产生了一句俗话："不为蒙（方言，寻找之意）喇叭，不朝木兰山。"引申开去，凡是为了某种原因去做某件事时，就以此作比喻。

进香的人，在山上还可以看到一种现象：有不少"瞎子"分散坐在香客们必经之处的路边乞求施舍，你给了钱，他会连声道谢："菩萨保佑你老大富大贵，发子发孙。"若是你不给钱，等人走过去几步，他就睁开眼睛骂："上山䟕（方言，跌）断手，下山䟕断脚。"

不过这种骂人的话只是用于零散香客，亮子会是成群结队的，其中总有一些人准备了零钱沿路开发，所以不会挨骂。对于这种以"靠山吃山"为手段，在农闲时捞外快的人，菩萨为什么不降罪呢？曾经有人向老辈人请教这个问题，得到的是一声呵斥："年轻人不懂事。莫瞎问！"

近几年，木兰山作为风景区重新开放，武汉去的游人再没有看到那些"瞎子"了。道理很简单，只有旧社会，才有那种名堂。

（徐明庭）

洪山菜薹趣闻

武汉人都爱吃洪山菜薹,关于洪山菜薹的一些趣闻想必也爱听。

菜薹本名芸薹菜,俗称油菜,红色者称红油菜。洪山菜薹即属于红油菜。种植此菜需要肥沃的土壤,较低的气温,一般是秋植冬撷。其紫干亭亭,黄花灿灿,茎肥叶嫩,素炒登盘,清腴可口。据说洪山宝通寺一带的菜薹味道尤佳,他处所产均不能与之媲美,以致有一种说法,以宝通寺钟声所到之处为范围的地方出产的菜薹是正宗,"距城(武昌城)三十里则变色矣,洵别种也"。王景彝《琳斋诗稿》有咏菜薹一首:

甘说周原荠,辛传蜀国椒。
不图江介产,又有菜薹标。
紫干经霜脆,黄花带雪娇。
晚菘珍黑白,同是楚中翘。

关于洪山菜薹的来历,在武汉地区流传着一则美丽的传说。据《武汉通览》所载,相传1700多年前,洪山脚下有一对恋人,名叫田勇和玉叶。一天他俩到洪山游玩,被绰号叫"恶太岁"的杨熊撞见。杨熊见玉叶容貌美丽,乃令打手抢人。虽经田勇奋力相救,但寡不敌众,双双被乱箭射死在洪山之麓,两人的鲜血染红了洪山下的土地。杨熊一伙也被雷电击毙在山腰。当地的农民将田勇、玉叶就地掩埋,不料次年秋天,坟堆周围长出了紫红色的菜苗。乡人勤浇水常施

洪山菜薹长势喜人

肥，紫红色的菜苗竟抽出肥嫩的菜薹。当年适逢灾荒，粮食颗粒无收，乡人以坟边的菜薹充饥，摘了又长，越摘越多，人们赖其度过了荒年。乡人纷纷采集菜籽，自家种植，并挑到城里去卖。红菜薹荤食、素炒都具有独特风味，城里人吃了觉得甜脆清香，赞不绝口，于是红菜薹在洪山一带得以推广。

人们相信名人，名人喜吃的食物也可得到大众的青睐。于是，关于洪山菜薹便出现了“刮地皮”的典故。王葆心《续汉口丛谈》上记载：“光绪初，合肥李勤恪瀚章督湖广，酷嗜此品（按：指洪山菜薹），觅种植于乡，则远不及。或曰‘土性有宜’。勤恪乃抉洪山土，船载以归，于是楚人谣曰：‘制军刮湖北地皮去也。’”民国初年，湖北都督黎元洪离开武汉到北京当大总统后，他的如夫人黎本危爱吃洪山菜薹，每届冬季必派专差到洪山调运菜薹。1949 年元月，国民政府行政院长张群飞来武汉为蒋介石说项，破坏和平运动，但毫无结果。临走前，他想到洪山的红菜薹是闻名已久的特产，今后还不知能否吃到，便对湖北省主席张笃伦说：“今晚到洪山去买 300 斤红菜薹，以便明晨带回南京去。”有人写诗讥其事云：“从此辞却鄂州路，空载洪山菜薹归。”

洪山菜薹原产基地牌楼

解放后社会发展，每年冬春送往北京供鄂籍老干部佐食的洪山菜薹，由民航班机运去。如今，更有保鲜硅窗塑料袋包装，港澳的鄂籍同胞也可以吃到新鲜的洪山菜薹了。“刮地皮”云云，已成为历史上的笑谈。

（严昌洪）

"秋来倍忆武昌鱼"

公元221年(魏黄初二年),割据江东的孙权见曹丕代汉称魏帝,刘备亦在蜀称帝,遂做称帝的准备,自公安迁鄂(今鄂州),取"武而昌"之义,改鄂为武昌。229年(吴黄龙元年),孙权即帝位,改元"黄龙",迁都建业(今南京)。265年(吴甘露元年),吴国末代君主孙皓又自建业迁都武昌,扬州诸郡百姓溯流供给武昌帝室、官僚消费,劳役繁重,怨声载途,甚至有人劫持吴主庶弟孙谦,抗议迁都加重了民众负担。左丞相陆凯乃上疏引童谣云:"宁饮建业水,不食武昌鱼;宁还建业死,不止武昌居",极力要求还都,孙皓终于返回建业。

武昌鱼

这段史实使武昌鱼的名声大振,以此事入典的诗词历代多有,著名者如南北朝时诗人庾信所作《奉和永丰殿下言志十首》:"还思建业水,终忆武昌鱼。"唐代诗人岑参《送费子归武昌》:"秋来倍忆武昌鱼,梦著只在巴陵道。"宋代诗人范成大《鄂州南楼》:"却笑鲈乡垂钓手,武昌鱼好便淹留。"伟大的无产阶级革命家、诗人毛泽东《水调歌头·游泳》中的"才饮长沙水,又食武昌鱼",可谓典故活用,更使武昌鱼扬名天下。

仔细品味这些诗词佳句,可知"武昌鱼"本来是对古今武昌地区所产鱼类的泛称,包括了鲫鱼(细头鱼)、鮰鱼、鳊鱼、鳜鱼(桂鱼、鲚鱼)等肉嫩味美的上等品种。黄鹤楼前江中有回流,漩涡波纹呈梅花形,俗称"梅花水",据说其中所产鲤鱼味最鲜美。同治《江夏县志》载:"鲤鱼三十六鳞;惟黄鹤矶头鲤鱼三十七鳞,其味肥而美,立冬后腌鱼者喜买之。他省呼之曰‘楚鱼’。”

解放后，经过科学鉴定，确认梁子湖（由武汉市和鄂州市共辖）中的团头鲂才是名副其实的武昌鱼。20世纪50年代初，我国鱼类学专家、华中农学院教授易伯鲁等通过梁子湖所产鳊鱼进行观察、鉴别，发现了三个鳊亚科鱼种，即长春鳊、三角鳊和团头鲂类，前两种鱼广泛分布于全国各地江湖，唯团头鲂系梁子湖独有，故称之为“武昌鱼”。团头鲂与三角鳊同属鲂，但据易伯鲁的研究，团头鲂有几个主要特点：一、团头舫吻端纯圆，同三角鳊比较，口略宽，上下曲颌曲度小；二、团头鲂的头一般略短于三角鳊；三、团头鲂尾柄最低的高度总是大于长度，三角鳊尾柄的长度和最低高度几乎相等；四、团头鲂鳔的中室是最膨大的部分；五、团头鲂腹椎和肋骨13根，三角鳊却只有10根；六、团头鲂的体腔全为灰黑色，三角鳊为白色，带有浅灰色色素。

武昌鱼的原产地——梁子湖

但是普通的市民并不能辨别这些特点，常常把所有的鳊鱼都认作武昌鱼而介绍给外地来的客人，客人们也便一面品尝着清蒸鳊鱼或花酿武昌鱼、杨梅武昌鱼，一面吟咏着“才饮长沙水，又食武昌鱼”的诗句，高兴地感谢主人的盛情。

（严昌洪）

热干面与名小吃

地处“九省通衢”的武汉，交通便利，商贾云集，各地人的口味各异，武汉的小吃也就品种繁多，各具特色。这些丰富多彩的小吃，也是爱在外面“过早”（方言，即早餐）的武汉人喜爱吃的早点，其中热干面最普遍而又最具特色。

武汉的热干面，已有80年历史，它与我国山西的刀削面、北方的炸酱面、四川的担担面、两广的伊府面齐名，合称五大名面。热干面既不同于凉面，又不同于汤面，质量上乘者，上口时香气浓厚，耐嚼有味，具有独特的风味。

江汉路步行街卖热干面雕塑

说起热干面，还有个有趣的故事。20世纪30年代初，汉口长堤街住着一个名叫李包的人，他以卖凉粉和汤面为生。有一天，他将没卖完的面条煮以七成熟时便捞起，晾在案板上，不小心将油壶里的麻油泼在了面条上。他灵机一动，索性多倒一些油在里面，拌匀后在案板上摊凉，第二天早上，他就将这种拌了油的熟面放入沸水中烫几下，然后放入碗中，加上卖凉粉用的芝麻酱、葱花、酱萝卜丁等佐料，面条立即散发出香味，诱人食欲。人们争相前往，吃得津津有味。别人问他卖的什么面，他随口说道："热干面"。此后他便专卖热干面，并向求教者传授手艺。

在武汉，大大小小的餐馆里都有热干面供应，而汉口蔡林记的热干面光滑油润爽口，味道鲜美，独具特色，备受青睐。

除了热干面外，"四季美"的汤包、"老通城"的豆皮、"谈炎记"的水饺以及大街小巷均可买到的面窝，这些都与热干面一样是武汉小吃百花园中的佼佼者。

街头炸面窝

水饺，全面各地都有，只有称谓不同而已。有的地方叫抄手，有的地方叫馄饨，有的地方叫包面，我们武汉人则叫它水饺。武汉"谈炎记"水饺以汤鲜、馅多、原料纯真、煮法考究、造型优美取胜。该店的水饺，食之爽心润腹，余香满口。

枯炒牛肉豆丝，自然是老谦记的最正宗了。老谦记枯炒牛肉豆丝，选用新鲜豆丝、里脊牛肉、香菇、玉兰片及其他调味品为主要原料，精心煎炒，油炸好的豆丝，色泽黄亮，味道鲜美，香脆可口。豆丝是武汉的特产，其制作工艺是，用绿豆和细籼米按四六成或三七成的比例分别备料，分别浸泡，然后混合磨浆，在锅里摊成薄片，等凉后再卷成筒切丝。

武汉的面窝外酥、内软、中间脆，是武汉人爱吃的大众化食品，已有百余年历史。美国学者加斯特在华中师范大学访问期间喜欢上了面窝，回国时特地上街买了一个炸面窝的铁窝子，准备回到美国后仿做，并在美国朋友中炫耀自己在中国学到的手艺。

户部巷——汉味名小吃在这里都可以品尝到

如果您有机会来武汉，丰富多彩的武汉小吃，一定会使您流连忘返。

（胡永弘）

大端阳节

农历五月初五日，是传统的端午节，又称端阳节。人们在这一天要举行龙舟竞渡，吃角黍（粽子），据说是为了纪念爱国诗人屈原。民间又以五月为恶月，为防疾病、避瘟神，又要插菖蒲、艾叶，饮雄黄酒。端午节的习俗在我国汉族地区大致相同。惟楚俗还有大端阳节为他处所无。

屈原沉江图

所谓大端阳节，是指五月十五日，它是从五月是恶月的观念衍化出来的一种驱瘟疫赛会。有的地方称为龙船会，有的地方称瘟火会。其活动是以纸扎成丈余长的龙船，富裕地区甚至用五彩绫绢扎船，船中设有层楼飞阁，内塑忠臣屈原、孝女曹娥及瘟神、水官等像。船旁排列水手十余人，皆装束整齐，以鼓乐、旗帜为先导，抬着纸龙船出游各处，称为“迎船”。好事者更装扮成各种故事人物，务极诡丽，引人注目。数日后以茶、米、纸钱装满船舱，同样用鼓乐、旗帜导送河边焚烧，称为“送船”。“借问瘟君欲何往，纸船明烛照天烧”，毛泽东这两句诗描写的就是类似的送瘟神活动。

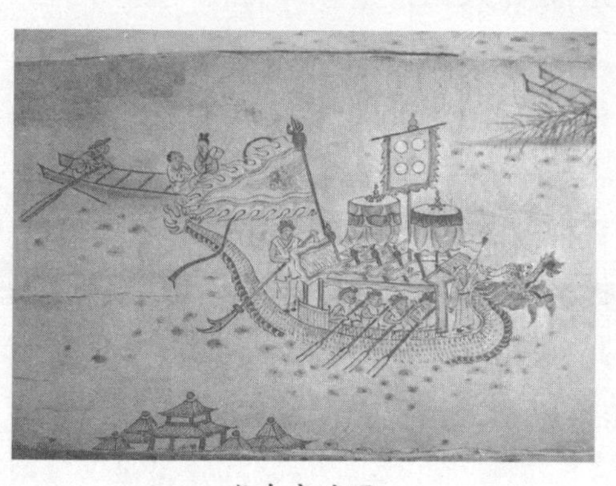

龙舟竞渡图

清代汉口亦盛行大端阳之俗，但做法有些大同小异。也是剪纸为龙船，中坐神像，自五月初一早晨起，至十八日止，人们抬了龙船各处游行，鼓钲爆竹，灯火喧闹，昼夜不辍。杨林口（今武汉关下游一带）地方特别热闹，人们把纸船放到小舟上，数十人驾之，众桨齐飞，疾如风雨，鼓声人声，与水声相应。岸上观者如堵，也称为“龙舟竞渡”。还有士女坐四柱青幔的游船，竹帘旁挂，肴酿笙歌，出游助兴，当地人讲：“将以驱瘟疫也。”

这种活动迷信色彩很浓，且废时耗财，当时即已受到开明人士的批评。范锴《汉口丛谈》卷二所引吴德芝《大端阳行》诗，就是剖析、批评这种陋俗为主旨的。诗云：

午日龙舟闹江水，楚俗相传叫屈子。
无端更有大端阳，初五日至十八止。
剪纸为舟逼肖龙，中坐神像装束工。
迎处妖娆杂妇女，扛来鼓侧集儿童。
金彩高张锦翠铺，极工穷巧尽欢娱。
游民废业事厥役，半月以来争追呼。
典衣卖器供樽馔，肉山酒海腥风煽。
急管哀弦恣牛饮，长旗大鼓疑龙战。
醉来怒骂老挥拳，盘簋壶杯飞瓦片。
明日酒醒仍兄弟，不仅娄公甘垂面。
虐及神明守市廊，俨然面目与冠裳。
麦瓜不黄李子黑，神前故故来相将。
皆言一岁不如此，瘟鬼入门何能当。
我看往年钟邑侯，曾经示禁城门头。
莅官七载人不犯，闾阎清洁薰风流。
当时此事竟衰止，并无一家见瘟鬼。
可知挽俗在循良，小人所视君子履。
且也先王法制详，是月勿用火南方。
喧闹爆竹若如此，微阳生意能无伤。

诗中关于移风易俗的道理，在今天读来似仍有借鉴意义。

（严昌洪）

旧汉口的跑马场

汉口历史上共有3家跑马场，一曰西南跑马场，全称为汉口西商马体育会，地点在现在解放公园及其周围地带；一曰华商跑马场，即华商体育运动会，在现在的同济医科大学及航空路、万松园路等大片地区；一曰万国跑马场，即万国体育运动会，由中西商合办，在现在的马场角与唐家墩一带。我国最大的城市上海，只有“上海”、“江湾”两家跑马场，而在汉口有3家跑马场。在旧中国，汉口这个消费城市，在一这点上却居全国之冠了。

汉口西商跑马场

汉口之有跑马场，是在1861年（清咸丰十一年）汉口开辟租界之后，是帝国主义侵略的产物，属“舶来品”，外国侵略者以租界为依托，大肆掠夺中国人民的财富，在租界上建起高楼大厦，兴办花园舞厅、波罗馆（即俱乐部），吃喝玩乐，仍然感到精神空虚，于是又搞起了跑马、打球。首先是英国人，在英租界的外滩荒地，即现在兰陵路与黄陂路之间一带，不经中国官厅许可，擅自开辟马道子（即跑马场）和球场。到了1896年（光绪二十二年)，这块马道子和球场划进了俄租界范围，他们又在现在的复兴路、昌年里一带新辟马道子和球场。这是帝国主义在汉口建立的最早的跑马场和球场。1902 年，这里被划进法租界。英国人又以贱价从洋行买办、“地皮大王”刘歆生手里购得汉口西北部的水荒地 800 亩，于 1905 年正式开辟为西商跑马场。

西商马场分内场和外场。内场设有酒吧间、舞厅；外场有两个中心，一为马道，一为高尔夫球场。马道有两圈，外圈周长 1 英里，宽 30 公尺。这是赛马时的跑马道，沿途竖有里程标杆。赛马终点有公证亭，亭旁建小型看台，专供外国人使用。而偏僻的大看台，才是中国人看赛马的地方。内圈在马道内，是马球和橄榄球场。

跑马场最大的活动是赛马，实际是公开的受到政府保护的大赌博。每年春秋两季进行，每季进行 7 天。春季每天赛 10 多场；秋季则为六七场，每季还集中进行一次决赛，即“香槟赛”。当每季赛马前，跑马场就印发马票、彩票，从中提成抽头，牟取大量佣金，西商跑马场每年通过赛马一项所得佣金常在二三十万元以上，如加其他各种营业，收入不下百万元。

民国初年，军阀混战，中国的富商、地主纷纷避入租界，托庇洋人，以效法西方生活方式为荣，随着赛马赌风大盛。1926 年国民革命军北伐抵达武汉，英帝国主义受到冲击，英租界被收回，西商跑马场一度冷落。1928 年重新恢复，直至珍珠港事变被日本人接管。后来成为日军军事物资储藏场和高射炮阵地，抗战胜利复员后，英国人卷土重来，但赛马一直没有恢复。

西商跑马场的会员全系侨居中国的英、法、德、俄、美、日等外国的有钱人，拒绝中国人参加，在马场的许多地段竖有“禁止中国人入内”的牌子。中国人不能到酒吧和舞厅，看赛马只能坐偏台。就是中国的高级官员，同样遭到冷淡和藐视。国民党军政部长何应钦进场打高尔夫球，洋人漠然视之，并不派人接待。汉口市长吴桢到场，也不迎接。连直接向跑马场提供大量廉价土地的中国商人刘歆生，不但没捞到一个赛马会会员的资格，想开车进入马场，也被印度巡捕拒之门外。

洋人的骄横、傲慢，激起一些中国商人的自尊心；同时西商跑马场的厚利，也引起一些富商巨贾的眼红，就是那位在西商跑马场受过气的刘歆生，提供大片土地作股本，邀约地方有影响的商界人士，如汉口总商会会长周星棠、实业银行行长梁俊华，熙太茶栈经理韦子峰、大买办刘子俊等，合资在汉口北郊，于1925年兴建了一个“华商体育运动会”，通称华商跑马场。

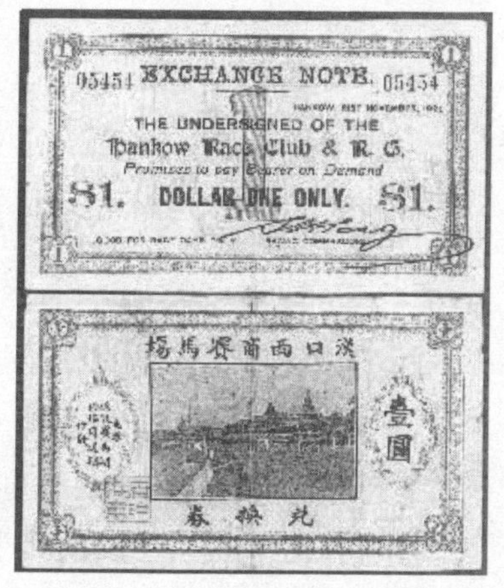

汉口西商赛马场马票

华商跑马场内建有一个圆形跑马道，周围1公里半，在赛马终点设有3座看台。在跑马场四周，有茶座、冷饮室、中西餐馆，还有各种摊贩。赛马的时间和彩票发售，彩金分配等规定，大致与“西商”相同，但赛期稍长，除经营赛马外，并为“赈灾”、“助学”举行义赛。其最大的不同，则是场内没有“禁止中国人入内”的牌子，不赛马时，不收门票，中国同胞可以随时进场参观游憩。从此，一些看不惯洋骄气的中国同胞，多汇集到这里来了。

华商跑马场后，生意鼎盛，获利甚巨，在一段时间内不逊于西商跑马场。大革命期间也曾一度冷落。抗战前营业进入高潮。抗战胜利后，由青红帮联合一些骑师，举行过多次赛马，但景况大不如前。

1926年，由王植夫、吴春生、孙惠卿等人发起，联系中西商商界，又在汉口北郊张公堤内，办起了一个“万国体育运动会”，通称万国跑马场。但因远离市中心，交通不便，营业远不如“西商”和“华商”，却也扫除了“西商”那股洋骄气，实行华洋平等相待。

汉口跑马大赌赛，始于1905年（光绪三十一年）西商跑马场开场时，长达40余年之久。1949年武汉解放，西商跑马场从英国人手中交回给中国人民，华商、万国两跑马场自行关闭。现在，解放公园、曙光幼儿园和一排排高层住宅楼，在原西商跑马场旧址上建立起来。同济医科大学及其附属医院、酒楼、饭店高楼大厦，铺陈于关闭了的华商跑马场场地之上。而万国跑马场的原地，一座座高楼拔地而起，正在为武汉的经济发展做贡献。化腐朽为神奇，没有共产党、没有社会主义制度是绝对办不到的。

（萧志华）

旧汉口的戏园

清末民初，汉口的花鼓戏（即楚剧）盛行，戏园亦称戏院（今日统称剧场），如雨后春笋般兴建起来。比较著名的，有满春、长乐、美成、天仙、天声、风舞台、大舞台、怡园、新市场、凌霄和老圃等。

最初，这些戏园上演的几乎全是花鼓戏，后来，随着汉剧、京剧的日益发展，戏园无形中有了比较明确的分工：满春、天仙、凌霄、怡园、老圃多演楚剧；民乐、美成多演汉剧；而友益街的大舞台、共舞台、新市场内的大舞台则以演京剧为主。

满春戏园在今满春路集贸市场内。满春即“满园春色”之意也。它开业于20世纪初。在漫长的岁月中，演出过京、汉、楚等剧。20世纪30年代初，楚剧名演员沈云陔、高月楼、李百川荟萃于此，名噪一时。当年的花鼓戏，是很能吸引观众的，因为它符合一般小市民的口味，人们在一天工作劳累之后，可以从中得到一些乐趣。

美成大戏院

美成戏园在今清芬路汉剧院内，它素有盛誉。该园创建于1913年，取名“丹桂舞台”，汉剧名伶余洪元、余洪奎、周小桂、张花子、李彩云等经常轮换在此演出。30年代初改名美成戏院，除演汉剧外，楚剧名角陶古鹏、黄汉翔、江南蓉、严楠芳、黄楚材等也曾在此献艺，抗战胜利后的1947年，汉剧名演员周天栋、徐继声、刘金屏、袁双林等组成“栋联汉剧团”，进入美成戏院演出。戏院仿效上海，设有布景房，上演了机关布景连台本戏，如《岳飞》、《张汶祥刺马》、《血滴子》和《火烧红莲寺》等剧，观众如潮，场场爆满。

位于中山大道中段的新市场内大舞台是1917年动工修建的，有座位2011个，观众最多时可达3000人。最先在大舞台演出的，是以名演员余洪元为首的汉剧戏班，末、净、生、旦、丑等十大角色俱全。演出期间，观众踊跃异常，不仅座无虚席，而且站立者踵趾相接，几无隙地。

新市场戏剧广告

20世纪30年代以后，大舞台一直演出京剧，除名角演出外，常上演机关本戏，如《彭公案》、《西游记》、《八大剑侠》等。《彭公案》长达25本，演期竟达一年多。

新市场内大舞台

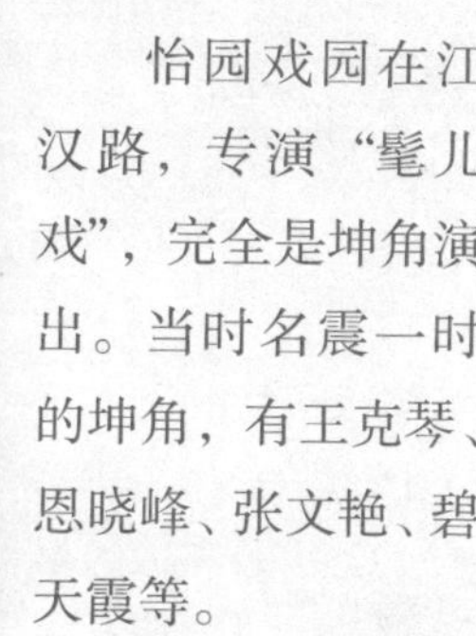

怡园戏园在江汉路，专演“髦儿戏”，完全是坤角演出。当时名震一时的坤角，有王克琴、恩晓峰、张文艳、碧天霞等。

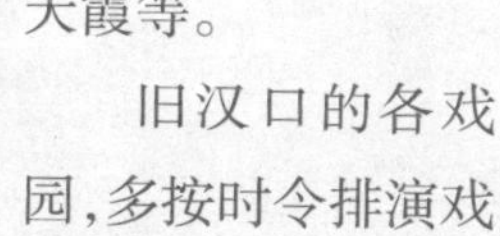

旧汉口的各戏园，多按时令排演戏曲，如端午演《白蛇传》、七夕演《天河配》、中秋演《唐明皇游月宫》等。这些应时剧，观者踊跃，有时人们也喜欢看一些新剧，如《大香山社会》、《潘烈士投海》、《情天恨》等剧，都很受欢迎。

（刘通鸾）

三镇主要教堂

以信奉耶稣为救世主的天主教、基督教、东正教三个教具有规模的宗教活动场所称为教堂(Curch)。近代以来,武汉市内共有教堂约90所。其著名教堂有:

武昌大堤口天主教教堂是武汉地区最早的教堂,当清道光皇帝于1846年2月(道光二十六年元月)发布上谕解除了康熙以来120多年的禁西教政策以后,第二年大堤口已有教堂行封立主教的活动。后经1885年(光绪十一年)、1893年的扩建,内可容信徒400余人。大堤口教堂是武汉地区最早的西式建筑构造,也是汉口辟为商埠以前的唯一教堂。但这座教堂因属危房,于1991年经批准拆毁。现存武汉地区最早的天主教教堂系1866年(同治五年)建造的花园山天主堂,中南神哲学院就设在那里。

汉口上海路天主堂内部

汉口上海路天主堂,为武汉地区天主教最大教堂,现在开放,有经常性宗教活动。该堂于1876年建成,古罗马式,地基高,窗户小,教堂呈十字形,正殿后侧左右各有圆形塔式钟楼一座,气势雄伟,全堂建筑面积为1024平方米。

坐落在汉口黄石路的基督堂荣光堂，建于1931年，初建时以进入华中地区的第一位基督教传教士杨格非命名而称“格非堂”。解放后改名荣光堂。该堂建筑面积1191平方米，为武汉最大的基督教教堂。堂舍落成时，耗用建筑费银洋56000圆，连同地皮共耗银洋101 500圆。教堂共两层，第三层系假层，为大型聚会唱诗班席。礼拜大堂设在第二层，楼下一层为办公、社交之所。本市基督教的盛大聚会多在该堂举行。

汉口基督教荣光堂

美国基督教在武汉所建的最早的教堂为武昌县华林圣诞堂，建于1870年(清同治九年)的圣诞节。解放前，教会所办大中学校在校园内均设有教堂，供信教师生礼拜之用。圣诞堂自建成以来，曾为基督教圣公会所办的文华书院、文华大学、华中大学的校内教堂，直到1951年，持续80年，为武汉市教会学校内时间最长的教堂。该教堂至今仍屹立如旧，为湖北中医学院使用。

汉口东正教教堂

在汉口鄱阳街与天津路交界

中华圣公会复生堂

处的一座绿色建筑物是东正教在汉的唯一教堂。19 世纪下半叶，此间住有许多俄国茶商。因俄国以东正教为国教，在汉第一位俄领事与俄茶商即在 19 世纪 60 年代末筹资建堂，1876 年（光绪二年）由俄茶商波特金从俄国运来建筑材料，初建活动教堂。接着由俄茶商伊望诺夫出资将教堂建成为砖木结构，并于 1878 年将该堂产业捐献给教会所有。该教堂为六角形单层建筑，教堂地基高出街面 50 公分，中轴线前后有门，其他四角为厚墙身逐皮收进的尖拱窗户。屋顶作穹窿圆形，铁皮屋面，建筑外表均漆成绿色，顶部立大十字架，并有风向仪。该堂成立以来，主要为在汉之俄国侨民的宗教活动场所，神职人员解放前也系俄人，解放后虽换了中籍神职人员，亦为被称作阿尔巴津人的俄满族混血后裔。

（梅川）

武汉第一所图书馆

我国在19世纪以前只有传统的藏书楼,还没有面向社会为开启民智而设的图书馆。图书馆事业是西方近代社会的产物,而在中国社会予以介绍推广进程中,美国友人韦棣华女士(Miss Mary Elizabeth Wood)曾起过重要的作用。

韦棣华系美国纽约人,生于1862年。1900年来到武昌,第二年即在武昌基督教圣公会所办的文华书院任英文教职。她在美国学的是图书馆专业,身居武昌31年直至逝世,终生致力于推进中国图书馆事业的发展,其突出事迹有二:

武汉第一所公共图书馆文华公书林的创始人韦棣华像

第一件事,她创立湖北省第一个近代图书馆,并坚持图书馆工作为社会民众服务的方向。韦女士在文华书院任教开始即1901年(清光绪二十七年),就在该校的一所八角房子里,陈列图书期刊,供学生随意阅览,也可外借,此为湖北地区图书馆工作的滥觞。到了1903年,经韦女士精心筹办,一所粗具规模面向校内外读者的图书馆开办。1904年,美国基督教圣公会出版的月刊《*Spiritof Mission*》6月号,曾以《文华书院图书馆介绍》(《*The Boone School Liberary*》)一文报道了该馆由韦棣华女士于1901年创办以来的发展情况,文章还附有一张照片,反映戴着瓜皮帽的青年学子在该图书馆借书、阅读的热烈景象。该馆到1910年被扩建为一座规模宏大的图书馆，定名为“文华公书林”，意即为民众化之公开图书馆。公书林大楼经过100多个春秋的风雨，至今屹立如旧，为湖北中医学院的大礼堂。“公书林”不仅面向武汉三镇的广大读者，而且还在各公私中、高等学校里设立图书馆分点，每隔两周由“文华公书林”负责更换图书一次，以此推动各校图书馆的成立。韦棣华的图书外借活动曾引起校内当权派的强烈反对，但她却始终坚持为社会民众服务的办馆方向。

文华公书林

第二件事情，韦女士在武汉创办了中国的第一所图书馆专业学校。为了促进这一工作，在第一次世界大战期间，韦女士曾个人出资保送两名文华大学学生去美国学习图书馆专业。这二位青年学成归来，即协助韦棣华在1920年3月建立了武昌文华大学图书馆科，招收大学肄业二年的学生入学，此为我国最早的图书馆学教育机构。到了1930年，才正式独立定名为“文华图书馆学专科学校”，校址在武昌高家巷（清末反清革命团体日知会旧址）。解放前，我国曾有几所著名大学设立图书馆专业，但都是时断时续；唯有“文华图专”经历了30多年艰难历程，坚持办学而从未中辍，因此，它不仅是我国现代图书馆学教育的发源地，而且一直是图书馆学教育的不遗余力的推动者。“文革”前，我国各地大型图书馆的主要学术人才几乎都出自文华图专。

（梅川）

湖北最早西医院

湖北地区最早的西医院是哪一家？坐落在汉口汉正街江汉桥畔今之市立第四医院，解放前称作普爱医院的便是。

19世纪基督教自西方初传来中国，由于政治、文化、语言的隔阂，难以接触中国的百姓群众；以行医为手段接触中国群众进行传教，是当时传教士主要办法之一。英国基督教未失礼会（后译循道会）传教医生师维善（F. P. Smith），就是为着上述目的于1864年（清同治三年）5月17日衔命来到汉口，8天后他在彭家巷挂起“普爱医院”的牌子，开始应诊。普爱医院是华中地区的最早西医院，师维善也因而成为第一位采用西方医术为武汉市民治病的西医。

汉口中西医院（后更名为普爱医院）

武汉百姓初见西医治病疑虑甚多，不敢轻易就医。师医生通常采用碘酒、硫磺药膏、强蛋白银滴剂、金鸡纳霜丸等4种西药，于治疗皮肤病、眼疾、疟疾、发热等多发病，具有明显的疗效，逐渐获得武汉人的信任。又加免费诊治，更受到贫穷市民的欢迎，登门就医者络绎不绝。据当时的教会英文杂志《*Chinese-Recorder*》报道，自 1867 年 7 月后的 9 个月中，在门诊部受诊的武汉市民有 6576 人，住院病人 96 名。师维善在汉期间，还将他用英文撰写的西医小册子译成中文，于 1867 年在汉木刻出版，书名《保免拦除》，8 开纸 17 页，印数 1000 册。无疑，这是湖北地区最早的一本西医书。

汉口普爱医院原大门

继普爱医院之后，英国基督教伦敦会于 1866 年 9 月在汉口后花楼街办起了仁济医院，1928 年迁至今中山公园附近改名协和医院；1875 年元月，美国基督教圣公会在武昌办起一所医院，解放前名同仁医院，即今之市立第三医院。以上三所医院为武汉地区最早为中国百姓治病的西医院，皆为来汉传教的基督教传教士所办。

武汉教会所办医院直到 19 世纪 70 年代末，还在报刊登载“施医送药不取金银孔方”的免费医疗声明。但到 80 年代后，则改为“无依者可免费，殷实者请乐捐”的取费制度，自 19 世纪末叶起其服务对象偏向于上层，并收取极其昂贵的医疗费与住院费。

（陈忠）

中国名城掌故丛书

◎武汉掌故

Wuhan Zhanggu

旧闻纪实

汉口人力车夫吴一狗案

1911年1月21日(清宣统二年十二月二十一日)薄暮时分,汉口人力车夫吴一狗(应城县人,家住后湖),拉车在英租界行走,途中遇到英国巡捕头黄胡子,问黄要不要坐车,黄用警棍敲了一下车子,吴以为他想坐车,便将车停下,无意中车轮碰到黄的脚,黄大怒,一棍将吴击倒,连踢几脚,吴当即毙命。在场有4名中国人看见,颇为不平,捕头又将此4人拘送捕房关押。捕房西医验尸后,谎称吴一狗系"气厥"致死,命人抬往租界外后城马路,嘱华警召人认领。吴一狗家属和后城人力车夫及填筑后湖的民工闻讯起来,确认吴系被殴打致死,当夜将吴尸抬回捕房理论。夏口厅丞王国铎一面派巡防营兵丁前往弹压,一面带同仵作赶来验尸,亦称"委系病死,毫无伤痕",草草赏薄棺一具,装殓钉封,命差勇押送出界,企图平息事端。

汉口人力车夫雕塑

汉口人力车夫载着外国军人行走在大街上

次日，后湖一带人力车夫和填湖民工一律罢工，包围巡捕房，提出抗议。英领事竟调海军陆战队上岸弹压，开枪射击手无寸铁的华人，击毙14人，伤10余人。群众返奔，与清方前来镇压的文武官员相遇，发生冲突，愤怒的群众用石块击伤王国铎及江汉关道齐耀珊等。湖广总督瑞澂见事态扩大，派提督张彪率兵前来“和平弹压”，示威群众才陆续散去。后清政府通过外交途径要求英方抚恤死伤者，反被英领事借口乱民损毁租界设施索赔2万元而了事。

（严昌洪）

武汉邮电之始

武汉旧有信行数十家，为人传递信件、交汇银两，颇称稳妥。清朝末年学习西法，创设邮政，信行逐渐被淘汰。1897年（清光绪二十三年）以前，武汉尚无独立的邮政机构，邮政附设于江汉关，称海关“拨驷达”（英文邮局POST的译音）。1897年2月正式成立了汉口邮政总局，原设花楼河街，洋楼数层，规模闳敞。入民国后改设英租界三道街二码头，规模有所扩大。同年在武昌设立邮政分局。截至1920年，汉口有邮政支局8处：硚口、大王庙新街、黄陂街、白布街、大智门车站、华景街、三元里、刘家庙江岸（属二等局）；邮寄代办所3处：茅庙、易家墩、新沟。武昌、汉阳也设有若干支局和邮寄代办所。到1947年，武汉三镇有邮政局3个，支局14个，代办所60处。

汉口电报局大楼旧址

电信方面，武汉的电报局比电话局创设要早。1884年（光绪十年），宁汉电报线路竣工，并与沪宁线接通。汉口电报局附设于老熊家巷河边轮船招商局内（今沿江大道民生路口原长江航运候船室处），用莫尔斯电报

武昌一等邮局

机与上海通报，是为武汉地区官督商办的第一条电报干线。3年后，汉口至武昌过江水线架设成功，设武昌电报局于三佛阁（今解放路书院街处）。先后与四川、湖南、河南、北京等地开通电报。1907年，汉口电报局改为官办，入民国仍旧。1920年在英租界天津路建筑新电报大楼。1912年武汉地区即有8条电报线路，而到1922年架设无线电台，武汉电讯更是四通八达。1927年，汉口电报局定为全国4个特等局之一。

1899年（光绪二十五年）电报局兼办电话。1902年汉口、武昌始设电话局，初为商家创办。辛亥革命后，1915年交通部出资18万元将汉口电话收归国有，武昌电话亦同时国有化。租界电话原与内地分开，也由交通部出资9万元收归中国办理。此后，汉口电话始归于一。原来电话局的房屋机器均不适用，乃于大智门购建新屋，换装新机，1917年迁入，改为汉口电话总局，以武昌电话局为分局，局长坐镇总局，以一会办经理分局。1921年秋汉阳亦设电话分局，从此武汉三镇均开办了市内电话。1930年省建设厅在汉口设立湖北省长途电话管理处，开办长途电话业务，1934年全部改用自动机交换。

汉口电话局旧址

（严昌洪）

武汉铁路之始

有了铁路，自然有了火车。武汉是什么时间始有铁路呢？

武汉在旧中国，只有两条铁路干线，一是北上的京汉线，一是南下的粤汉线。京汉铁路是武汉第一条铁路。此路北端起点原在北京城外芦沟桥，故最初称为芦汉铁路。1897年（清光绪二十三年），《芦汉铁路借款草合同》在武昌签订，确定了清政府向比利时银行团借款修筑芦汉铁路的意向。后在上海签订了正式合同。在此之前南北两端已动工兴建。分别建成了玉带门至滠口段和芦沟桥至保定段。1899年正式用比款筑路。至1905年底全线建成，全长1214.5公里，1906年4月1日举行全线通车典礼。

最早行驶在粤汉铁路上的机车

芦汉铁路终端位于汉口硚口玉带门，在那里设有一间票房（车站），总车站则设在大智门，1900年开始建设车站大楼，1905年竣工，二层砖木结构，方斗形铁皮屋面。另在循礼门、刘家庙、谌家矶设有票房。谌家矶向北建有跨沦河、滠水等河的三道铁桥，是当时仅次于黄河大桥的三座大型桥梁。

汉口火车站外观保持了大智门火车站风貌

大智门火车站内月台(民国时期)

京汉铁路的通车，使原先依靠长江、汉水为九省通衢的武汉，又有了通向京城和华北地区的交通大动脉，有力地促进了武汉地区的经济发展。据统计，铁路通车后，汉口商品流通量迅速增加了 1 / 4 以上。工商界人士张寿汉在 1911 年刊行的《最近汉口工商业一斑》中指出:“观近年汉口贸易额增进之数,较前几大一倍,伟然占全国通商口岸之第二位,皆此铁路之力。”

京汉铁路横贯汉口,对汉口市区的发展也带来了莫大好处。原来比较荒僻的玉带门、大智门一带,发展很快,相继建立了许多仓库、工厂、搬运所,附近的贫民茅舍也次第改为商店,辟为市场。大智门一带 1906 年还是荒芜未治之地，而到 1911 年已是房屋林立,居民众多了。正如《夏口县志》所云:“猥自后湖筑堤,芦汉通轨,形势一年一变,环镇寸地寸金。”江汉道道尹张履春为该志所写序言也指出,“继创铁轨,宦商益集,冠盖往来,奢靡日趋。”

张之洞视察芦汉铁路

1912 年 8 月动工兴建的粤汉铁路,直到 1936 年才全线通车。

（严昌洪）

革命党人筹款奇招

在中国近代革命党人为推翻腐朽的清政府，建立资产阶级共和国而进行的艰苦卓绝的斗争中，有许多可歌可泣的悲壮之举，也有一些引人发笑的轶闻趣事。邹永成麻醉婶母，居正盗金菩萨的故事就是其中之一。

居正像

关于邹永成麻醉婶母的故事有二种说法。

早年，湖南革命党人邹永成与黄兴、谭人凤等在湖北从事革命活动，但经费却十分拮据。为了筹措经费，邹永成提议绑架自己的堂弟，借此向伯母索要赎金，然后将此赎金充作活动经费。于是，邹永成按计划把迷药放入酒中，灌醉伯母及家人，待同志们把堂弟掳走后，他便装醉睡在邻室，当家人发现堂弟被绑架后惊惶失措时，他又装模作样地到处寻找，最后劝说伯母拿赎银800两将堂弟赎回。

另一种说法是，邹永成自日本回国后，在武汉拜访了孙武，当问及湖北革命活动的情况时，在座的焦达峰叹息道：革命倒是进行得很顺利，只是经费极难筹集。邹永成听后说道，我婶母有很多金饰，可设法弄些来充作经费。经过商议，约好由邹永成将自行配制麻醉品于早餐时放入酒及馒头中，待婶母醉倒后，孙武等人便前来取金饰。结果，当孙武等如约前来，还未进门，便见其婶母站在堂前谈笑风生，吓得孙武等人瞠目结舌，暗暗叹息自制麻醉品没有奏效，无可奈何，只好垂头丧气而归。

湖北革命党人居正盗金菩萨之举，则可以说是赔了夫人又折兵。在大家都为经费拮据所困扰时，居正忽然想起，在他的家乡，距他家80里之遥的洗马镇上的达城庙里供奉着一尊金菩萨，便建议将此金菩萨盗来熔化，将其金子充作活动经费。他的建议得到大家的赞同，并派他与焦达峰

蕲春达城庙

前往查看达城庙的地理位置。随后焦达峰便返湖南邀约了一位大汉来相助，他说，此人身手敏捷，定能取金菩萨出山，于是居正忙着筹备行资，邹永成等人解囊代买电筒、锥子、斧头等工具，一切准备就绪后，焦达峰等一行八人便直奔达城庙而去。他们一路兼程，冒着大雨赶到达城庙时，已是夜半时分。焦达峰等先行抵达的4人从后山坡凿墙而入，他们斩断铁锁打开神龛，却攀不动金菩萨，不得已，只好用铁锥将其底座凿空，推倒，然后拖入后殿肢解。几个人费了九牛二虎之力，焦达峰只命令将整个金菩萨送出洞外，等他们出得洞来时，天已破晓，乡人已早起耕作了。为避免事情败露，只得先行撤退，等以后有机会再来取。返汉后，他们向机关汇报此行经过，当时有人嘲笑他们吞没了金菩萨，居正解嘲道：戏词中有云，赔了夫人又折兵，周郎尚有此失，何况我等。

（胡永弘）

江夏火药局爆炸纪实诗

太平天国农民战争爆发以后，清政府在各处加强军事力量，江夏（今武昌）也设局筹备军器，储存了大量火药。第二次鸦片战争后，汉口开埠，西方侵略势力深入武汉，西洋火器威力巨大，中国人摹而仿之，而制造洋枪洋炮，需备火药尤多，江夏火药局储存之火药达30万斤，分置三处。

1867年11月20日（清同治六年十月二十五日）晨，火药局因“不戒于火”，发生火灾，所储存的火药与大小洋炮数百尊，一并燃爆。猛烈的爆炸使沿江二三百里皆震惊。火药局及其附近，砖瓦飞空，屋宇倾地，堂室基址，陷为深坑，江水为之沸起，大地因而震动。研药之牛毙数十头，不知去向，局中供役员丁数十百人，皆成齑粉。附近行人和居民伤亡惨重。黄州人程维周根据族中赴武昌参加武乡试者回来所描述的惨状，写了《鄂门灾》一诗，为我们留下爆炸的现场纪实，诗云：

鄂门晨旭辉曈曈，长江千里销狼烽。
竹树晴川碧晻霭，林峦黄鹄青茏葱。
观音阁上罢斋鼓，万家烟火方朝饔。
轰然一声拔地起，六丁霹雳无其雄。
地豁山坼鳌柱动，神嗥鬼斗于天聋。
丹蕤线盖纷纷下，满城黑雾腾虚空。
炮子百千万亿突，阛阓南北东西攻。
排墙迅似天花阵，折栋疾如沧溟风。
男颠女踣童叟蹶，须臾五岳摧昆虫。
马骼飞过鹦鹉渡，人胔乱落龟蛇峰。
余怒更思挐赑屃，出水竟欲升蛟龙。
涛头百丈屹江上，倾樯断柁沉艨艟。
金口老父朝出汲，忽为折臂为伤胸。

痛极不知火药变，惊定方悟奇灾逢。

我在黄州坐拥席，屋瓦震撼声隆隆。

初疑地中鼓角发，旋讶边围兵戈哄。

哪知省会万家室，此时已化阿房宫。

…………

当时爆炸所形成的气浪使江夏城中民房、衙署大量倒塌。目击者说，突然一声巨响，房屋朝前倾斜；须臾一阵呼啸，房屋又朝后翻仰。三处火药，三次爆炸，左冲右击，使诸多屋舍变成一堆瓦砾。爆炸造成了人民生命财产的巨大损失，清政府却并未采取得力措施救灾，许多人无家可归，流落街头。

（严昌洪）

保卫武汉的三大空战

抗战时期，日本侵略军占领上海、南京以后，即把进攻的战略目标对准华中重镇——武汉。他们首先凭借其空军优势，以其霸王队木更津等机队经常进袭武汉，狂轰滥炸。我国空军中有志爱国之士，同仇敌忾，奋勇出击，建立了不少可歌可泣的战绩。其中最激烈的有三次大空战。

1938 年初，日本空军向我国空军投下了一道战书，是以牛革制的皮筒用小降落伞降落，空投到汉口王家墩机场的，上面写着："中国空军：你们有胆，约期会战，否则投降！"

当时驻在武汉地区的我国空军部队有：空军第九总站，空军轰炸第一、二、三大队，空军驱逐第四、五大队，再加上苏联空军愿队轰炸大队和战斗大队。当接到日本空军这种盛气凌人的挑战书后，无不义愤填膺，纷纷请战杀敌。经过认真讨论研究后，决定应战。

2 月 18 日这一天，晴空万里，能见度好，上午 9 时许，武汉市空袭警报拉响了，日本空军的重轰炸机 50 架由战斗机护航，从时针 11—12 航向列队向南，以 3000 米高度、400km 时速，向武汉进袭。

武汉民众庆祝中国空军的胜利

中国空军指挥部调集武汉基地所有空军力量，由汉口王家墩机场以及孝感、武昌南湖、沙市、宜昌、九江、南昌多地起飞，机群从四面八方汇拢，上升到 5000 米以上上空俯视，紧逼围攻。把敌机拦截于距武汉中心区 100 至 150 华里的地带轮番战斗。自 10 时开始，一直打到下午 4 时，长达 6 个小时，把狡猾的日军木更津等机队咬住不放，打得敌人东逃西窜，仓皇地把所带近百吨杀伤弹七零八落地丢掷荒野。

这次大空战，共击落敌机 24 架，击伤 10 架，敌人死伤近百人，它大长了中国人民的斗志，大灭了日本侵略者的威风。

这次大空战，我方计损坏飞机 4 架，空军第四大队长李桂丹，副大队长吕基淳，飞行员李鹏翔、巴清正、王怡等壮烈牺牲。国际主义朋友——苏联空军志愿队战斗机大队长拉黑曼诺夫等，也献出了他们宝贵的生命。

继“二一八”大空战以后，接着又进行了 4 月 29 日和 5 月 31 日两次大空战。

驾机撞击日本飞机而壮烈牺牲的陈怀民烈士遗像

4 月 29 日是日本的“天长节”，也是日本天皇裕仁的生日，日寇空军为天皇祝寿，为木更津航空队报仇，出动飞机 36 架，大举进袭武汉。我国空军派第三、四、五大队，配合苏联空军志愿队 E—15、E—16 战斗机，共 60 余架迎战。这次空战，共击落敌机 21 架。战斗中，我空军飞行员陈怀民驾驶的飞机受伤，他迅即调转机头，与一敌机在青山地区迎头猛撞，同归于尽。为悼念陈怀民烈士的英勇牺牲精神，抗战胜利后，汉口市政府于 1946 年将日租界的一条南小路改为陈怀民路。

5 月 31 日的大空战，日寇出动驱逐机 36 架、掩护机 18 架。经过激战，敌机被我击落 14 架，我机亦有 2 架坠毁。

当年 6 月 5 日，武汉市民在汉口总商会举行追悼会，深切悼念 4 月 29

日和5月31日两次空战中牺牲的我国空军孙金鉴、杨慎贤、陈怀民、张效贤等烈士。

解放公园苏联空军烈士墓

为了纪念苏联空军志愿队支援我国抗战的国际主义精神，新中国成立后，武汉市人民政府于1956年3月在汉口解放公园修建苏联空军烈士墓，大理石铸成的墓碑刻有15位苏联烈士的英名，他们血洒中华大地，在中苏友谊史上写下了永垂不朽的历史篇章。

（伍文士）

中山舰金口遇难

1923 年 8 月孙中山偕宋庆龄重登永丰舰，看望曾经生死与共的舰上官兵

中山舰原名永丰号，因 1922 年 6 月陈炯明在广州发动叛乱时，孙中山先生登上该舰与叛军坚持斗争而改名。1937 年卢沟桥事变后，中国人民在中国共产党的倡导下，建立了抗日民族统一战线，开展了艰苦卓绝的抗日战争。随着侵华日军大举进犯我重要战略城市，北平、天津相继失守，上海、南京也岌岌可危，南京政府海军部就调集了包括中山舰在内的 49 艘军舰进入长江下游布防，以“拱卫京畿”，并扼阻日本海军舰队西进长江。迨京沪沦陷后，武汉一时成了全国的政治、经济、军事的中心。同时也成了日寇下一步进攻的重要目标。1938 年秋，骄横的日军开始对武汉进攻，武汉军民齐心协力进行抵抗，由此开始了举世瞩目的武汉会战。

会战临近时，中山舰奉命由岳阳开赴武汉，停泊在汉口外围的江面，担负着从嘉鱼、新堤至武昌金口一带的警戒任务。那时舰上装备很差，主副炮已被拆卸下来安装在长江的几个要塞上，只剩下瑞士制的70毫米火炮两尊，英制火炮两尊和法制高射炮一门等。尽管如此，全舰官兵仍然斗志昂扬，决心为保卫武汉与敌人血战到底。

修复中的中山舰

10月24日上午9时，日寇一架侦察机从东飞临金口赤矶山中山舰停泊处的上空，舰上高射炮即开炮对空射击，敌机仓惶逃遁。舰长萨师俊据此断定一场恶战即将爆发，乃下令全舰官兵严阵以待，做好战斗准备。中午时分，中山舰接到开往汉口执行任务的命令，刚刚起锚，就见日军6架轰炸机迎面飞来，并向中山舰俯冲投弹。这时萨舰长一声令下，舰上的火炮和友邻军舰的火炮瞄准目标一齐发射，舰艇上空顿时交织成严密的火网，有两架敌机当即被我炮火击中，拖着长长的烟柱栽入江里，舰上官兵一片欢腾，斗志更高。不料正在这时，位于舰首的高射炮，由于连续发射时间过久，突然出现故障。射击一停，敌机即乘机向舰艇俯冲下来，轮番轰炸，第一颗炸弹落在舷机旁的水面上。舵机舱当即被炸而漏水，轮机操纵失控。接着又有五六颗炸弹相继落在舰艇上，锅炉舱被炸，江水涌进舱里；指挥台崩塌，右机关炮位被毁；舰上多处起火，舰身逐渐倾倒……萨舰长在指挥台被炸时身负重伤，他的一条腿被炸断，鲜血淋漓，但他全然不顾，依然指挥若定，并向全舰官兵高喊："坚守岗位，战斗到最后一兵一卒！"此时舰上的官兵已伤亡大半，剩下的人仍拼死抵抗，他们用手提机枪对空射击，决心与军舰共存亡。

中山舰部分出水文物（舰上用品）

中山舰终因受创过重，舰体倾斜度越来越大，一面顺水漂流，一面逐渐下沉。当勤务兵黄珠官背着舰长下救生艇时，军舰已失去了抵抗能力，这时绝灭人性的日寇就低空飞行，用密集的机枪朝救生艇扫射，将小艇击沉。中山舰于1938年10月24日下午3时50分沉没在金口龙床矶江底，自萨师俊舰长以下25位官兵与舰艇同归于尽。他们可歌可泣的英勇杀敌事迹，在中国人民的抗日战争史上写下了辉煌、悲壮的一页。

（陆川）

“一三惨案”和收回英租界

位于武汉关侧边的苗家码头，是“一三惨案”遗址，1959年由武汉市人民委员会公布为市级第一批文物保护单位，那么“一三惨案”究竟是怎么一回事呢？这话还要从头说起：

1926年7月9日，国民革命军由广东出师北伐，到10月10日，依次连克长沙、南昌、武昌和汉口等重镇，大败直系军阀吴佩孚，自称“五省联军总司令”的孙传芳亦狼狈逃窜。长江一带是英帝国主义蓄意经营的领域，吴、孙又是英帝国主义庇护多年的走狗。北伐军的节节胜利，极大地震撼了英帝国主义在中国的殖民统治。

早在1925年5月30日，英帝国主义在上海制造了五卅惨案，6月11日和6月23日，又先后在汉口和广州制造了“六一一惨案 ”与“沙基惨案”。当时，武汉学界致电北洋军阀政府时，就明确提出了“收回英租界”的主张。中国共产党1926年7月召开的四届三中全会，也主张“特别注重反对英国”。

“一三惨案”后的英租界

北伐开始以后，英帝国主义不仅以钱财和军火援助北洋军阀，反对中国革命，还调遣多艘军舰来华，直接向中国人民进行武装挑衅，1926年9月5日，英国军舰公然炮轰四川万县，以致当地人民的生命财产遭受巨大损失，当北伐军逼近武昌时，英帝国主义极力煽动列强采取一致行为，妄图阻止北伐军前进。北伐军攻进汉口后，英帝国主义故意阻挠，不许北伐军经过英租界追击吴佩孚残部。还通过在英租界出版的英文《楚报》，大肆诋毁武汉地区日益发展的工人运动。同年11月26日，在英帝国主义的策划下，驻武汉的各外国领事，正式向国民政府提出“抗议”，要求“取缔武汉工人运动”。

1926年12月26日，在李立三、刘少奇、董必武等主持下，武汉各界人民分别在武昌和汉口召开了反英大会，大会发出了宣言，要求我国政府对英经济绝交，立即收回妨碍革命工作的租界。就在这一天，英国油轮在黄冈团风江面撞沉我国商轮，使我400名同胞遇难，消息传来，武汉人民怒不可遏，与英帝国主义的矛盾更加突出，斗争也更加尖锐了。

武汉关附近收回英租界斗争雕塑

为了庆祝北伐胜利和国民政府由广州迁都武汉，从1927年元旦起，在中共湖北区委和国民党湖北省、汉口特别市党部的领导下，三镇人民连续举行盛大集会，开展宣传活动，目睹三镇人民的欢腾景象，英帝国主义心里不是滋味。

1月3日，中央军事政治学校宣传队在江汉关(今武汉关)侧边的广场上演讲，秩序本来很好，英国水兵却突然结队冲过来，用刺刀驱杀听讲群众，当场将缝包工会会员李大生和年仅10岁的方汉山的肚子刺穿，肠子流出，还有几名工人受重伤，轻伤者30多人。这就是令人切齿的“一三惨案”。

惨案发生后，武汉地区群情激愤，各群众团体召开紧急联席会议，当场议决了8条对英办法，并推派14名代表到国民政府去，请政府据此向英国领事提出严重交涉，限72小时内圆满答复，否则请政府采取断然行动。

1月5日中午，在李立三、刘少奇的指挥下，在汉口济生三马路(今友谊路)召开了有30万人参加的“追悼一三死难同胞暨反英示威大会”。会后举行了声势浩大的示威游行，共产党海员工人周和亮坐着划子绕进英租界江边有码头工人和海员工人的地方上岸，送来了示威队伍的袖章。等在那里的工人，在一些戴有袖章的带队人的指挥下，立刻汇合成几股洪流。在太平街(今江汉路南段，鄱阳街到江边一带)游行的群众，一鼓作气地越过了英租界里密布的铁丝网和堆积如山的沙包，在里应外合的情况下，打开了英租界紧闭着的铁门。内外的示威队伍会师后，沿途高呼口号，占领了英租界巡捕房，在一些房顶上升起了我国的国旗。

前去接管汉口英租界的北伐军

由于举国上下一致坚持不懈的斗争，加上国际无产阶级和世界革命人民的纷纷声援，构成了武汉国民政府外交部长陈以仁的坚强后盾。中英双方累计进行了16次谈判，陈友仁据理力争；英国驻华使馆参赞阿马利理屈词穷，终于在2月19日签订了《收回汉口英租界之协定》，收回了英帝国主义在汉口盘踞了66年的“国中之国”。这是中国人民反帝斗争史上的创举，震惊了全世界，开创了中国近代外交史上的新纪元。

(徐明庭)

两个“六一惨案”

历史有着惊人的相似，两个“六一惨案”均发生在武汉，且同为反动统治者破坏、镇压学生爱国运动。一是1919年6月1日，湖北省督军王占元和省长何佩瑢在武昌对学生的爱国运动实行残酷的镇压；一是1947年6月1日，国民党武汉行辕、武汉警备司令部包围武汉大学枪杀学生、血腥镇压。

武汉学生抗议武汉大学“六一惨案”

1919年5月6日，北京爆发五四爱国运动的消息传到武汉，激起武汉学生的爱国激情。5月17日，武汉26所大中学校在中华大学开会，成立武汉学生联合会。31日，武汉中等以上各校学生代表召开会议，决定总罢课，声援北京。

湖北当局对学生反帝爱国的行动，大肆镇压。6月1日清晨，当局派大批军警把守各校校门，禁止学生外出，还令军警巡逻街道，戒备森严。下午，各校学生冲出校门，走上街头，军警当即捕去数十人，殴伤武昌高师陈开泰等十余人。反动当局为了进一步破坏学生爱国运动，于2日勒令各校提前放假，学校食堂停火，限令学生三日内离校。6月3日，学生不顾禁阻，坚持冒雨游行，再次受到镇压，又有数十名学生受伤，仅中华大学受伤学生就有9人，被捕学生数十人。反动当局一连串的倒行逆施，震惊了全国。

武汉大学原大门牌楼

28年之后的1947年，学生爱国运动席卷全国，武汉地区各校学生开展了“反饥饿、反内战、反迫害”的宣传活动。武汉大学学生于5月19日—22日开始罢课，23日继而游行，还联合武汉各学校准备于6月2日大游行、总罢课。并定6月2日为“反内战日”，号召工人、店员一起行动，罢工、罢市。反统治者惊恐畏惧，武汉行辕、武汉警备司令部、武汉稽查处出动武装军警一个步兵营、一个宪兵连、一个警察分队分乘8辆汽车，于6月1日凌晨3时，封锁包围武汉大学，分别在男女宿舍、教授住宅区搜查，将刘颖、缪朗山、梁园乐、金克木、朱君允5位教授押上汽车，还将学生14人、工友3人捆绑上车，接着用机枪向四方扫射，打死学生王志德、陈如丰、董鸣冈3人，伤19人，造成震惊中外的“六一惨案”。

武汉大学“六一惨案”发生地（老斋舍）

惨案发生的当天清晨，由代校长刘秉麟（校长周鲠生因公去了南京）会同教授6人赶到武昌阅马场湖北省参议会，向正在参加该会开幕典礼的行辕主任程潜严正交涉。随后，全体学生提出4点要求：（1）撤办武汉行辕主任程潜、枪决武汉警备司令彭善及肇事凶手；（2）立即释放武汉大学及武汉各校被捕教职员工和学生；（3）公葬死难学生、抚恤死难学生家属；（4）切实保障人权。

血案消息不胫而走，其他学校推派代表来到武大吊唁，要伸冤复仇，要血债血还。北大、清华等校罢课声援,表示抗议!

6月22日,举行追悼会,灵堂悬挂挽联:

凶手查凶手,凶手自唱自和,无耻!

同学哭同学,同学流血流泪,伤心!

武汉大学"六一惨案"纪念亭

6月23日出殡,学生千余人从珞珈山校园出发,经武昌市区过江到汉口闹市区,声势浩大,围观者一叹一顿地哭泣。同学们抬着烈士棺柩,用血的铁证控诉反动派的罪行。清华大学挽联格外引人注目:

武大"六一"三烈士千古

血洗清眼睛,血照亮大地。

血教训未死,血灌溉方生!

清华大学敬挽

(吴先铭)

(鄂)新登字 08 号
图书在版编目(CIP)数据
武汉掌故/严昌洪,肖志华主编. —武汉:武汉出版社,2012.6
(中国名城掌故丛书)
ISBN 978-7-5430-6965-7
Ⅰ.①武… Ⅱ.①严…②肖… Ⅲ.①武汉市-地方史-掌故 Ⅳ.①K296.31
中国版本图书馆 CIP 数据核字(2012)第 099250 号

主　　编:严昌洪　肖志华
责任编辑:王远彦
装帧设计:刘福珊
出　版:武汉出版社
社　址:武汉市江汉区新华下路 103 号　　邮　编:430015
电　话:(027)85606403　85600625
http://www.whcbs.com　　E-mail:zbs@whcbs.com
印　刷:武汉精一印刷有限公司　　经　销:新华书店
开　本:640mm×960mm　1/16
印　张:17.25　　字　数:242 千字　　插　页:2
版　次:2012 年 6 月第 1 版　　2012 年 6 月第 1 次印刷
定　价:30.00 元